JN418137

기일혜 수필집 41

내 영혼의 수학여행

기일혜 수필집

마흔한 번째 이야기

내 영혼의 수학여행

크리스챤서적

머리말

'마흔 번째 수필집'이 나왔다. 다른 책 나올 때와 다르게 특별한 감회는 없다. 왜 없을까. 40권까지 쓰면서 내가 '각고의 노력' 안 했기 때문이다.

내 삶 속에서 만나는 사람들의 이야기, 내 이야기를 자연스럽게 그대로 쉽게(?) 썼을 뿐이다. 앞으로도 이런 삶의 이야기를 여건이 허락하는 대로 자연스럽게 쓰려고 한다.

이번 책(41집) 제목 '내 영혼의 수학여행'은 앞으로도 한동안 계속될 것이다.

2020년 1월 7일 기일혜

차례

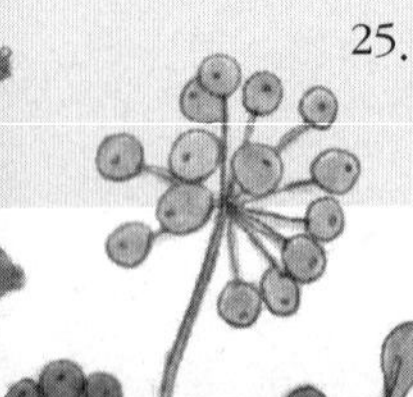

3부_ 실수가 일을 한다

4부_ 그때가 내 절정이다

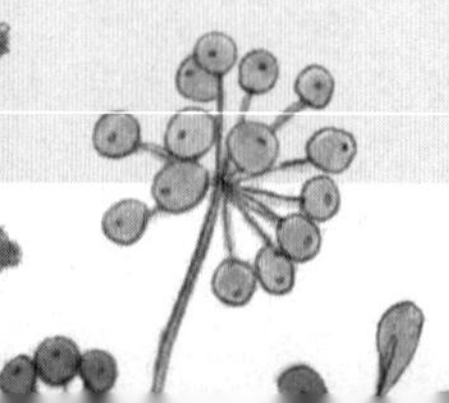

1부

차비 못 드리고 우는 사람

산수유 봉오리가 맺었네

남편은 농협 마트에 장 보러 가고 나는 글 쓴다고 컴퓨터 앞에 매달려 있다. 벨이 울려서 나가 보니, 양손에 무거운 걸 잔뜩 든 남편이 서 있다. 봄동 한 단, 두부 한 팩, 우유 두 팩, 귤 한 봉지. 이것들을 받아서 넣고 있는데, 남편이 말한다. "아파트 입구에 산수유가 봉오리를 맺었데."

"2월 초에 벌써 봉오리가 맺었어요? 그 봉오리 보면서 무슨 생각했어요?"

"너는 이렇게 새싹을 피우는데 나는 이렇게 늙어 가고 있구나, 했지." "왜요? …당신은 늙고 약한 아내 생명 살리고 있는데(장보기로 도와줌). 새싹 피우는 것 이상이지요."

남편은 아무 말도 안 하고 커피 마시려고 커피포트에 물을 붓는데, 그 뒷모습을 보니 뒷머리가 새싹 돋아나듯 산뜻하다. "당신 이발했어요?" "어제 했는데."

"당신 이발한 뒷모습이 청춘이네."

남편 가슴에 연푸른 미소가 번질까…. 내 마음에 산수유 봉오리 맺히듯.

사람의 뒷모습은 왜 쓸쓸한가

영암 회문리 조 선생님 댁으로 전화한다.

"저 오는 12월 20일에 영암으로 김장하러 못 가겠네요. 글도 써야 하고…." "그래요오… 지난번에 나주역에서 가실 때, 기 선생님이 지하도 내려가시는데, 쓸쓸하게 보입디다… 돌아서서 밖으로 나가는데, 간이 화장실 옆 나무에 나뭇잎 하나가 달랑거리고 있어요. 참 쓸쓸하게 보이대요. 우리들 인생이 저렇구나 했습니다."

"그러셨어요. 지난번에 가서는 폐가 많았습니다."

"폐라니요! 무슨 말씀을, 학대당하고 가셨지요."

나에게 대접 잘 못했다는 말씀을 '학대당했다'고 하신다. 이런 표현은 기막히시다. 대접 못해서 미안한 마음이 무한해서, 그 마음 그대로 담아낼 적당한 언어를 찾지 못하고 손님을 학대했다고 하시는가.

그날, 내 가슴은 순임 님 만난다는 기대로 부풀어서 안 쓸쓸했는데… 유한한 인생의 뒷모습은 다 쓸쓸하게 보이는가 보다.

옛집 사이를 흐르는 평온

박 선생과 대화 중인데, 그가 갑자기 이런 말을 한다.

"선생님 그 스마트폰(케이스) 바꿀까 봐 겁이 나요. 그거 바꾸지 말고 오래 많이 느끼게 해 주세요. 내가 내 것과 똑같은 걸로 바꿔 드릴 때까지 바꾸지 마세요."

"왜요…?" "…이거 바꾸시려고 하지요? 바꾸실까 봐 겁이 나요. …선생님 약속해요 안 바꾼다고."

이 낡고 너덜너덜한 스마트폰 케이스가 뭐가 좋다고 바꾸지 말라, 약속까지 하자고 할까?

'그거 바꾸지 말고 오래 많이 느끼게 해 주세요.'

이 말 속엔 어떤 의미가 들어 있을까…?

낡고 오래된 것을 더 느끼고 싶다는 박 선생의 말은 카프카의 이 말을 생각나게 한다.

"옛집 사이를 흐르는 평온은 내부의 모든 제방을 부수는 일정량의 폭약과 같은 작용을 해요."

박 선생은 내 낡은 스마트폰에서 어떤 '마음의 평온'을 얻는 것일까?

제목이 없습니다

박순례 님의 시 〈제목이 없습니다〉의 전문이다.

수많은 꽃들 중에서 유독 내가 좋아하는 꽃이 있다.
하지만 나는 말하지 않는다.
다른 꽃들이 듣고 속상해 할까 봐.
나는 언제까지나 비밀로 할 거다.

박순례 님의 이 시를 읽고 내가 조른다.
"나에게만 말해 주세요. 무슨 꽃이어요?"
"비밀이라니까요."
"…내가 꽃들에게 말 안 할게요."
"…진보라색 ○○○○○. 너무 예뻐서 너무 사모하다가 슬펐어요. 우울했어요."

(나도 그 꽃 이름을 비밀로 한다.)

골뱅이 국수와 옆집 아르바이트생

꽃집 박 선생이 골뱅이 국수 들게 오라고 해서 간다.

골뱅이와 북어포 넣어서, 먹음직스런 골뱅이 국수로 점심상 차리고, 그는 그 국수 한 그릇 들고 총총이 나간다.

돌아온 그에게 묻는다. "어디 갔다 오세요?"

"옆 가게에서 '알바'하는 학생인데 아침 일찍부터 나와서, 여긴 점심 사 먹을 데도 마땅히 없는데, 안돼 보여서 그래서 갖다 줬어요. 아까 가서 물어봤지요. 골뱅이 국수 좋아하느냐고…."

갑자기 이 골뱅이 국수가 주님께 드리는 예물이 된다.

이 국수가 수육 얹은 고급 국수라도 내가 먹으면 국수, 멸칫국물 국수라도 예수님 사랑으로 이웃 대접하면 그건 국수 아니고 주님께 드리는 예물이 된다.

오래전에 망고 7개 선물 받아 한 개도 안 먹고 경비 아저씨와 이웃에게 나누고 깨달은 말씀이다. 아무리 비싼 망고라도 내가 먹으면 망고, 주님 사랑으로 이웃에게 나누면 주님께 드리는 예물이 된다는 것을.

파래는 언제나 싸다

동네 채소 가게에 가 보니, 파래가 싸다.

파래는 언제나 싸다. '언제나 싸다'고 한 데는 이유가 있다. 무안 어디던가. 어느 할머니 따라 바닷가에 가서, 파래 뜯는 게 힘들다는 걸 알았기 때문이다. 허리 꼬부라진 할머니가 몇 시간씩 뻘밭에 엎디어서 파래를 뜯었다. 그 수고에 비해서 파래값이 싸다는 말이다.

파래 세 뭉치에 천 원, 파래김치 담그려고 2천 원에 여섯 뭉치 산다. 점원 아가씨가 옆에 있는 파래 여섯 뭉치를 가리키면서 말한다. "이거 5백 원에 다 가져가세요, 오늘 아침에 왔어요."

그 파래 다 사다 무 썰어 넣고 파래김치 담근다. 2,500원어치 파래김치가 한 통이다. 우리 동네 골목 시장에선 2천 원이면 모양만 그렇지 맛이 괜찮은 사과도 열 개나 사고.

하나님은 물가가 비싸도, 어떤 방법으로든 가난한 사람들 살게 하신다. 먹이신다.

자기 자녀인데 책임지지 않으시겠는가.

저 방이 기다리고 있습니다

광주 박정자 선생 댁 현관문 앞이다. 나는 숨을 고른다.

방문객은 자기를 맞아 주는 주인의 표정을 예감하고 불안하다. 친구 남편이 어떻게 나를 맞을 것인가 하고 서 있는데, 친구 자부가 문을 열어 준다.

같이 사는 자부가 아니라 잠시 다니러 온 며느리다.

친구 남편 김 선생님은 소파에 앉아 계신다. 내가 먼저 인사한다. "또 왔습니다. 그동안 잘 계셨지요?"

"…저 방이 기 선생님을 기다리고 있습니다."

그는 친구가 내 방이라고 이름 지어 준 그 방을 가리키면서 계속 말씀하신다.

"기 선생님 가시고 난 여운이 남아 있어서… 아내 박정자 선생님 동문이 저 방에서 자고 갔다는 게 흐뭇해서요… 어디 가나, 기 선생님은 환영받겠어요. 무게가 있고 품위가 있어요. 우리 집 귀빈입니다."

방문객인 나, 이런 환대에 가슴이 떨린다.

순임 님_ 다슬기 1킬로그램에 2만 원

정읍 순임 님(69세) 댁에 1차 방문했을 때, 점심상에 된장 넣고 삶은 다슬기가 올라온다. 반가워서 “어머나 다슬기구나” 하면서 여러 개 까먹는다. 어렸을 때 먹던 맛이라, 그에게 묻는다. “이 다슬기 어디에서 났어요?”

“샀어요.”

전에는 가끔 순임 님 오빠 문 선생님이 잡아다 주신다기에 물었다. 그런데 돈을 주고 샀다고 한다. 나는 순임 님 돈 쓰는 게 아까워서 묻는다.

“얼마 줬어요?” “2만 원 줬어요. 1킬로에.”

“예에? 그렇게 비싼 걸 왜 샀어요. 1킬로라고 해 봐야, 이만큼밖에 안 되는데… 왜 그런데 돈을 써요? 돈도 없으면서 이렇게 비싼 걸, 당신 정신이 있어요?”

나는 다슬기 맛이 싹 가셔서 숟가락을 놓으려고 한다.

그러자 곧 순임 님이 말한다.

“비싸도 먹을 건 먹어야지요.”

나보다 물질에서 자유로운 순임 님이다.

순임 님_ 차비 못 드리고 우는 사람

정읍역 대합실이다. 나와 순임 님이 앉아 있다.

내가 정읍역으로 가는 8시 10분 버스 타려고 서둘러 나오는 바람에 순임 님은 아침도 안 먹고 나를 배웅하려고 따라나선다. 버스로 한 시간쯤 걸려서 정읍역에 도착한다.

나는 아침도 안 먹고 따라 나온 순임 님 먹이려고, 구내매점에 가서 따뜻한 두유와 카스텔라 한 개를 산다.

카스텔라를 손에 든 순임 님이 갑자기 운다.

"어어어어! 어어어! 선생님 차비도 못 드리고…."

나는 깜짝 놀라서 그를 본다. "왜 울어요?"

"용돈도 못 드리고 차비라도 드려야 하는데… 어어어!"

"용돈은 무슨… 차비도 내가 다 가지고 다니는데, 무슨 차비 못 준다고 울어요?"

말은 그렇게 하면서도 나는 그가 너무 짠해서 얼른 내 비상금 5만 원을 꺼낸다.

"이거라도 넣어 두세요. 돈 없어서 차비 못 준다고 울지 말고."

"싫어요! 안 받아요! …없으면 없는 대로 살아요."

'없으면 없는 대로 살아요.' 뼈가 들어 있고, 의지가 들어 있는 말이다.

그 뼈를, 의지를 꺾고 싶지 않다. 나는 더 이상 내 돈 받으라고 강요하지 않고 냉정하게 말한다.

"없으면 없는 대로 산다고요? 좋아요. 그럼 그렇게 살아 보세요. 그건 당신이 강해지는 일이니까요."

없으면 없는 대로 살겠다는 의지, 각오는 훌륭한 것이다. 나는 그가 훌륭해질 기회를 빼앗아선 안 된다.

그 뒤. 나는 광주, 영암으로 이 감동을 안고 다녔다.

요즘 누가 나를 배웅하려고, 아침도 거른 채 한 시간이나 버스 타고 나와서 '차비도 못 드린다고' 엉엉 울겠는가.

이런 감동은 내 자녀들에게도 내 어떤 친구에게서도 못 받는, 어쩌면 내가 사는 동안 이 땅에서는 다시 못 받을 존귀한 마음의 선물이 아닐까 한다.

순임 님_ 광주 진월동 시외버스 정류소에서

광주 진월동에서 영암으로 가는 시외버스 정류소 앞이다.

아쉬운 마음으로 작별 인사하는데, 박 선생이 내게 5만 원을 주머니에 넣어 준다.

“자네 차비 못 준다고 엉엉 운 순임 씨 주라고.”

“고마워. 그런데 나 영암 들러서 정읍으로 안 가고, 서울로 바로 가는데….”

“두었다가, 나중에 만날 때 주라고. 언제라도.”

“그럴 순 없지. 이 귀한 선물 전하려고 정읍에 들러서 가야겠네. 이 귀한 마음을 금방 전하지 않고 어찌 오래 묵혀 두겠는가.”

나는 영암에서 서울로 직행하려던 계획을 바꿔서, 정읍에 들러 순임 님에게 그 선물 전했다. 그건 돈이 아니다.

친구 박 선생이 순임 님에게 보내는 선한 선물이다.

순임 님_ 인삼차 봉지인 줄 알고

조 선생님 댁에서 하룻밤 보내고, 영암 알곡교회에서 예배드리고 어느 교인 댁으로 갔다. 그는 자기 속맘을 알아줄 작가를 만났다고 울먹이면서 살아온 얘기를 한다.

인삼차를 마시고, 바쁜 그를 생각하고 곧 일어서는 내게, 청색 클로버 잎이 그려져 반으로 접힌 흰 봉투를 주면서 말한다. "차나 한 잔 드세요."

"이거 인삼차(가루)예요?" "예에."

나는 그 속에 인삼차 가루가 들어 있는 줄 알았다.

숙소인 조 선생님 댁에 와서 보니, 접힌 봉투에는 5만 원이 들어 있다. 사모님은 정직한 기 선생님이니, 그 돈 다시 돌려줘야 한다고 하시고, 조 선생님은 그 댁이 어려운 것도 아닌데, 성의껏 주신 걸 다시 돌려주면 안 된다고 극구 말리신다. 어떻게 하나…? '그럼 이걸 순임 님 드리면 되겠구나.'

사모님에게 내게 봉투 주신 그분에게, 내가 인삼차인 줄 알고 받았으나, 더 필요한 분에게 그걸 드린다고 해명하시라고 한다.

어느 땐 사람의 해명이 구차하고 필요 없을 때도 있다. 주님만 아시면 되니까. 해명이라는 것도 엄격히 말하면 나를 세우려고 변명하는 것 아닐까.

예수님은 십자가에서 죽으시면서 그 수모 조롱 다 받으면서도 구차하게 해명하지 않으셨다. 털 깎는 자 앞에 어린 양처럼 잠잠하셨다. 네가 하나님의 아들이거든 내려와 보라고 온갖 능멸을 다 해도 침묵하셨다.

우리 인간들은 해명하고 변명하느라고 이 세상이 더 소란하고 시끄럽다.

순임 님_ 두 번 찾아간 사가마을

조 선생님 댁 2층, 내 숙소 방.

나는 조 선생님, 서 선생님과 대화 나누고 있다.

사모님이 은행을 구워 가지고 들어오신다. 내가 모레, 정읍으로 간다면서 순임 님에게 받은 감동을 얘기한다.

"…그날 아침, 아침도 안 먹고 정읍역까지 나를 따라와서 엉엉 울어요. 선생님 차비도 못 드린다고… 요새 선생님 차비 못 드린다고 우는 사람 있을까요…?"

내게 5만 원 부탁한 광주 박 선생 얘기까지 다 들으신 서 선생님이 지갑에서 5만 원을 꺼내신다.

"이것도 보태십시오."

이틀 뒤, 정읍 순임 님 집에 도착하니, 친척 오빠인 문 선생님과 그의 친구들이 점심을 들고 있다. 내가 순임 님 집에 다시 온 얘기 듣고, 문 선생님 친구 한 분이 6만 원을 주신다. 이것과 내 비상금 5만 원, 광주 영암에서 주신 15만 원과 합쳐서 순임 님에게 26만 원 드린다. 이건 돈이 아니다.

선한 마음의 선물이다.

순임 님_ 고추 50근 꼭지 따기

내가 순임 님 집에 2차 방문한 날 오후.

순임 님은 서울 따님과 통화한다.

내가 옆에서 들으니 따님이 이번 주 토요일, 친정으로 김장하러 오겠다고 한다.

순임 님 거실에는 꼭지 안 딴 고추가 큰 비닐 부대로 서너 개나 있다. 그날이 수요일. 토요일에 따님이 온다고 하니 며칠 안 남았다. 나는 그의 일이 내 일 같아서 저녁 먹고 고추 꼭지 따기 시작한다. 다음 날 새벽 한 시 반까지 앉아서 딴다.

"선생님은 일도 참 잘하시네요."

"죽기 아니면 살기로 하니까 그렇지. 이걸 다 따야 순임 님 김장하지. 오늘이 수요일 밤, 토요일 날 딸이 김장하러 온다는데 이걸 순임 님 혼자 언제 다 따요."

고추 꼭지 따면서 그는 시어머니 시누이 밑에서 시집살이 한 이야기, 남편 병 수발한 이야기를 실감나게 한다. 그 고생, 나로선 생각도 상상도 못할 일이다. 밤늦도록 고추 꼭지 따고 있는 내게 그는 몇 번이나 말한다.

"선생님 그만 따고 주무셔야지요."

그때마다 나는 대답한다.

"순임 님 고생할 때 나는 편히 살았으니까, 지금 고생 좀 해야지. 순임 님은 쉬어요. 내가 다 딸게. 그때 고생 안 했으니 지금 많이 하고 벌 받아야지. '죄 닦음' 해야지."

순임 님은 또 막 웃는다. 이렇게도 잘 웃는 사람 있을까? 온 얼굴 몸까지 흔들면서 웃는다. 잘 웃는 것도 큰 매력이다.

서너 둥치의 고추 꼭지 기어이 다 따려고 새벽 1시 반까지 하고, 다음 날 아침에 일어나서 낮 11시까지 한다.

장갑도 안 끼고 따니 오른손 엄지와 검지 끝이 쓰리고 아프다. 그렇게 해서, 고추(50근) 꼭지 다 땄다.

순임 님_ 계란 프라이 7개

간밤에 늦도록 고추 꼭지 따고 아침에도 따면서, 아침밥은 대강 먹자고 내가 말한다.

"순임 님, 어제 먹고 남은 찬밥 있지요. 물만 끓여서 말아 먹어요. 알타리 김치에. 계란 있으니까, 프라이나 하고." "그래요 선생님. 선생님이 하라는 대로 할게요."

아침상이 들어오는데, 계란 프라이 접시가 수북하다.

"프라이 몇 개 했어요?" "일곱 개요."

"세상에나… 당신은 손이 참말로 크네요." "작게를 못해요. 뭘 많이 한다고 시어머니한테 시집살이 더 했어요."

"손이 큰 건 맘이 커서 그래요. 당신 맘이 크니까 작가하고 친구도 되고. 작가 데려다 일도 시키고. 좋잖아요?"

"하아하아하아!" 그의 웃는 얼굴을 보고 있으면 나도 마냥 즐거워진다. 어디 가서 이렇게 맘 놓고 질펀하게 웃고 즐거워할 것인가. 웃으면서 밥상 위, 계란 프라이 무더기를 본다. '저건 계란 프라이 일곱 개가 아니다. 저건 나를 향한 그의 마음이다.'

순임 님_ 세상 여자는 다 내 언니 같다

그날 저녁부터 다음 날 오전 11시까지 고추 꼭지 50근 땄다. 웃으면서 즐겁게 일하니까, 일을 쉽게 재미있게 했다. 매운 고추 때문에 눈물 콧물 닦아 내는 화장지가 쌓여도, 재채기하느라고 목이 칼칼해도, 재미있기만 했다.

나는 손놀림이 빠른 편이고 그는 느린 편이다. 어찌 보면 그는 고추를 어루만지고 있는 것 같아서 내가 말한다.

"당신은 일을 꼼꼼히 해서 느려요."

"내가 느려도 할 일은 다 한다고 오빠(문 선생님)가 그래요."

"느린 사람이 마음도 후하고 너그러워요. 손 빠르고 일 잘하는 사람보다 나아요."

일을 느리게 하면서도 할 일 다 하고, 순하고 피해 의식이 없는 순임 님. 세상 여자들은 다 내 언니 같은데, 순임 님은 동생 같다. 내가 따라다니면서 돌봐 줘야 하는.

언니에게 고분고분하지, 대꾸 한마디 없는 착하고 순한 동생 같은 순임 님.

순임 님_ 안 열리는 세면실 문

그날. 영암에서 정읍 순임 님 집으로 두 번째 갔을 때. 문 선생님(순임 님 친척 오빠)과 그의 친구 세 분이 점심을 들고 있다. 나는 손 씻으러 세면실에 들어갔다 나오면서 문을 어떻게 했는지, 나중에 들어가려고 하니 안 열린다.

서울 남편에게 전화하고 나중에는 근처 백암교회 이 목사님께 구조 요청한다. 목사님은 '다니엘 기도'로 바쁘신 중에도, 작업복에 세면실 창문 뜯을 연장까지 들고 오셨다.

밖에서 문 열기를 시도하다 안 되니까, 세면실 위 창문을 뜯는다. 시골 세면실 창문은 높은 곳에 작게 만들어져서, 사람 몸이 들어가기가 여간 어려운 게 아니다. 사다리도 없고. 이 목사님은 맨몸으로 벽을 딛고 간신히 올라가서, 창문을 뜯고 세면실 바닥으로 조심스레 내려딛는다.

문이 열린다.

내가 잘못해서 닫힌 세면실 문 여는데, 서울 있는 남편은 아무런 소용이 없다.

얘기를 좀 비약해 본다… 내가 죽어서 혼자 천국 문 앞에

셨을 때도 남편이나 누구도 나를 도울 수 없다. 세면실 닫힌 문은 문 여는 기술 가진 사람이 열어 주듯이, 천국 문은 천국 문 여는 열쇠 가진 예수님만 열어 주신다. 그러므로 예수님 믿고 천국 백성이 되어야 한다.

그 뒤 이 목사님께 문자 편지 드린다.

"…지난번 세면실 문 열러 오셨을 때. 목사님은 제게 예수님이셨습니다. 오래오래 잊지 못할 것입니다."

"어린아이 모습의 권사님(기일혜)! 하나님의 사랑을 안 받을 수 없는 분입니다."

어린아이 모습이면 하나님은 다 사랑하시는구나. 하나님 사랑 받으려면 나는 더 어린아이가 되어야겠구나.

"이르시되 진실로 너희에게 이르노니 너희가 돌이켜 어린아이들과 같이 되지 아니하면 결단코 천국에 들어가지 못하리라"(마태복음 18:3).

순임 님_ 나 취직 좀 시켜 줘요

정읍에서 돌아와서 3일 뒤. 순임 님에게 전화한다.

"김장 잘 했어요? 서울 따님도 오시고?"

"예에, 딸은 오늘 간대요."

"그 고추 빻아 보니까, 몇 근이나 됩디까?"

"50근이요."

"그렇게 많아요… 우리가 고추 꼭지 참 많이도 땄네요."

"…선생님이 안 도와주셨으면… 선생님이 다 땄지요. 나는 손이 느려서… 김치 보낼라다가 선생님이 도로 보내 버린다고 해서 안 보냈어요."

"잘했어요… 나 고추 꼭지 잘 따니까, 나 어디 취직 좀 시켜 줘요. 고추 꼭지 따서 돈 좀 벌게."

"여기는 없고, 정읍이나 나가 봐야지요."

내 장난스런 부탁도 사실로 여기는지, 이렇게 천연덕스럽게 대꾸해 주니까, 재미가 있다.

이렇게 순진무구한 순임 님한테 웃으려고 취직 부탁한 내가 오염된 사람이다.

순임 님_ 재미는 큰 자산이다

얼마 전 정읍 순임 님 집에서 고추 꼭지 딸 때.

저녁밥 먹고 새벽 한 시 반까지 땄다. 조금도 피곤하거나 졸리지 않고, 매운 고추 때문에 나오는 재채기와 콧물 눈물이 귀찮았을 뿐이다. 그렇게 계속 일한 비결이 무엇일까? 분석해 본다. 첫째 순임 님 따님이 사흘 뒤에 김장하러 온다고 해서, 일이 다급했고.

그러나 뭣보다 중요한 이유는, 고추 꼭지 따는 동안 계속되는 순임 님 이야기가 아주 재미있었기 때문이다. 내가 소녀같이 철없다면 순임 님은 아이같이 순수하다. 아이가 세상을 바라본 그대로, 본대로 들은 대로 숨기거나 꾸미지 않고 이야기하니, 얼마나 재미가 있겠는가. 매워서 재채기 콧물 눈물 나는 것도 이 재미에는 못 당한다. 재미가 있으니까 몸이 고단한 줄도, 허리가 아픈 줄도 모른다.

'그 재미'는 나를 그의 집으로 계속 끌어들이는 매력이다.

재미는 그 사람이 지닌 내적 자산(資産).

무엇보다 큰 자산이다.

상추쌈 맛있게 먹는 법

조 선생님 댁 '간이 온실'에는 11월이라도 상추가 너울너울 자라고 있다. 거의 매 끼니, 내가 상추를 싸 먹으면 사모님도 싸 드신다. 내가 상추 한 움큼 가져다 싸서 먹으면 사모님도 나처럼 하시면서 말씀하신다.

"상추쌈도 상추를 한 장씩 싸 먹으면 맛이 없어라우. '지범지범 집어다가 헝클벙클해서' 싸 먹어야 맛있어라우."

"맞아, 맞아요. 한 장씩 가지런히 놓고 얌전하게 싸 먹으면 맛이 덜 해요. '지범지범 집어다가 헝클벙클해서' 싸 먹어야 정말 맛이 있어요. 그런데 사모님은 어떻게 그렇게 표현을 실감나게 잘하셔요."

내 남편은 상추 한 장씩 싸 먹는다. 남편이 나 상추쌈 먹는 걸 보면 '단정하지 못하다' 할 것이다. 내가 상추쌈 먹는 모습은 단정하지 못해도 내 마음가짐은 단정하다.

내가 내 마음가짐이 단정하다고 하는 것은 교만이다.

교만은 이렇게 내 맘속으로 나도 모르게 파고든다.

17인분의 빵을 왜 주었을까

궁금한 일이 있어서, 친구(79세)에게 전화한다.

"지난번에 제가 드린 빵, 맛이 어때요?"

"어떻게 만들었는지 참 맛있대요. 오늘 그 빵 가지고 잔치하러 갑니다. 교회에서 기도 모임 있는데, 주신 빵 가지고 가려고요."

"쪄서 먹어야 할 텐데요."

"쪄서 가지고 가야지요. 더운 물도 가지고."

그날, 저녁 일곱 시나 넘어서, 내가 또 궁금해서 그 친구에게 전화한다.

"오늘 잔치 어땠어요?"

"난리 났어요, 난리. 다들 맛있다고… 열일곱 사람이나 먹었어요. 나는 심부름만 한다고 했어요."

17인분의 빵 만들어서 내게 준 그분은 누구일까?

내가 지방 어느 개척 교회에 들렀을 때, 그 교회 사모가 쪄서 준 빵이다. 교인 세 사람(?)이 나온다는 조그만 교회,

그 사모가 쪄서 준 빵과 군고구마 몇 개, 우유 팩 둘까지

들고, 무거운 배낭 메고 오느라고 힘이 들었다. 그 정성 생각하고 무거워도 참고 왔다. 그랬더니, 17인이 나눠 먹는 잔치까지 하게 된다.

나는 궁금하다. 그 사모는 왜 내게 17인이나 먹을 많은 빵을 주셨을까?

"이 빵은 시중에서 파는 케이크나 카스텔라보다 더 맛있어요." 내가 맛있다고 하니까 많이 싸 주신 것일까.

내게 줄 게 빵밖에 없어서 그렇게 많이 쪄 주셨을까?

나는 그 빵 먹을 수가 없어서, 신실한 친구에게 고스란히 갖다 드렸다. 그랬더니, 친구도 안 먹고 그 빵, 교회로 가지고 가, 기도하는 분들(17인) 간식이 되었다.

그 사모께 이 소식을 지면으로 전해 드린다. 그날 왜, 17인분이나 되는 많은 빵을 쪄서 내게 주셨을까? 여전히 궁금해하면서.

두 여인의 첫눈 맞이

오랜만에 꽃집에 간다. 아파트 현관문을 나서니 눈이 날린다. 내가 보는 올해 첫눈이다.

꽃집 앞에 두 여인이 나와서 첫눈을 바라보고 있다.

한 여인은 파마할 때 쓰는 타월을 덮어 쓰고, 한 여인은 편안한 주부 옷차림. 지금 그들은 생활 현장에서 금방 튀어나온 듯 생생한 삶의 온기가 묻어 있다. 가까이 가서 보니, 박 선생과 옆집 아주머니다. 나는 그들이 왜 나와 있는가… 하다가 들어가서, 나중에야 알았다. 그들이 '첫눈 맞이' 하려고 나와 있었다는 것을… 아까, 박 선생이 파마하느라 타월 뒤집어 쓴 채로 설거지하고 있는데, 옆집 아주머니가 불렀다. "어서 나와 봐. 첫눈이 오는데, 첫눈 맞이해야지."

"나 지금 설거지하는데, 손에 비누가 묻었다고."

"그래도 나와 보아야지. 첫눈이 오는데…."

나는 옆집 아주머니의 서정에 놀란다. 파마하는 수건을 쓰고 나가서 첫눈 바라보는 박 선생도 놀랍고. 그들은 생활 속의 시인들이구나… 올해 첫눈 오는 날은 기억에 남겠다.

꽃밭 옆집 아주머니

내가 가끔 들르는 꽃집 옆에는 아담한 한식집이 있다.

내가 앉아 있으면 그 한식집 여주인(66세)이 음식 담은 그릇을 들고 오기도 한다. 얼핏 봐도 보통 미모가 아니다. 체격도 균형 잡히고, 더 뛰어난 데가 있다. 미모 가진 여인들이 부족하기 쉬운 '절제심'이다. 그만한 자태와 용모에 절제미까지 있으니, 그와 앉아 담소한 적이 있다. 내가 물었다.

"남편과 어떻게 결혼했어요? …중매결혼 하셨다고요? 좋아하는 남자들도 많았을 것 같은데…."

그의 범접하기 어려운 인상 때문에 남자들이 프러포즈 못한 것 같다. 그는 연심을 불러일으키기보다 '부덕과 법도'의 정숙한 근엄함이 있다. 그의 신중한 걸음걸이에도 나타난다.

시장에 물건 사러 오토바이 몰고 가는 그녀의 남편을 본다. 오직 아내밖에 모르는 순정의 사나이 얼굴이다. 옆집 여인이 처녀 때, 자기 미모 의식하고 자만심 허영으로 결혼상대 골랐다면, 오늘의 건실한 가정 이룰 수 있었겠는가.

미인의 절제심이 튼실한 열매를 맺었다.

빌딩 건물주의 사랑

초겨울 오전 11시쯤. 나는 어느 빌딩 앞에 서 있다.

친구를 기다리면서. 플라타너스 잎이 부는 바람에 떨어진다. 친구네 가게 앞 데크 위에도 떨어진다. 나는 발로 그 낙엽을 데크 밑 보도로 밀어낸다. 플라타너스 낙엽이 몇 잎 더 떨어진다. 나는 또 그것을 데크 밖으로 밀어낸다. 어디서 흰 마스크 한 남자가 나타난다. 그는 빌딩 앞에 널려 있는 플라타너스 낙엽들을 손으로 주워서 차도 밑에다 버린다. 자세히 보니, 그는 언젠가 본 적 있는 이 빌딩 건물주다. 검은 점퍼에 흰 마스크가 전에 볼 때보다 훨씬 젊어 보인다.

친구는 오지 않고, 나는 푸른 하늘을 바라보면서, 문득 주님이라면 이 낙엽을 어떻게 하셨을까, 생각한다… 나처럼 데크 밖 보도로 밀어내지도 않고, 건물주처럼 손으로 주워서 차도 밑으로 버리지도 않았을 것. 주님은 이 땅 온 우주의 주인이니까, 그 낙엽을 쓸어서 적당한 장소에 모아 두실 것이다. 낙엽 만든 주인은 낙엽 한 잎도 허투루 버리는 법이 없으시니까.

고향 집 감 나누기

충남 공주 탄천이 고향인 친구가 해 준 이야기다.

친구와 오빠, 두 남매가 고향 집에 감 따러 갔다.

고향 집 감나무엔 사람 손이 닿는 곳은 다 따 가고 손이 안 닿는 높은 곳에만 감이 달려 있다. 친구 오빠가 올라가서 감을 따고 친구는 감을 모은다. 감은 얼마 되지 않고.

얼마 되지 않지만 고향 집 감나무에서 딴 감이라 서울 인천에 흩어져 사는 여섯 남매에게 다 나누어야 한다.

오빠가 말한다. "얘야, 감 여섯 무더기로 나누어라."

"오빠, 나 잘 못 나누는데, 이걸 그냥 서울로 다 가지고 가면 안 돼? …가지고 가서 한 줌씩 집어 주면 돼."

"안 돼. 여섯 무더기로 나눠."

오빠 말에 순종해서, 여섯 무더기로 대강 나눈다.

감 딴 오빠는 차 몰고 와서 감 따느라고 수고하고, 식구도 많으니까, 좀 더 놓아야지 하면서 더 놓고… 그러다가 나중엔 뒤죽박죽이 된다. 어느 것이 더 많은, 감 딴 오빠 것인지 분간할 수 없게 된다.

그 친구가 감 딴 얘기하면서 내게 하는 말이다.

"선생님, 나는 나누는 것 잘 못해요. 그런 것 생각하면 복잡해지고 머리가 아파요. 그 감 좀 더 먹으면 어떻고 덜 먹으면 어떻고 안 먹으면 어때요… 계산하고 셈하는 것, 나는 아주 못해요. 나는 대강대강 살아요. 나는 보기와 다르게 덜렁거려요."

"저도 나누기를 잘 못해요. 오죽 나누는 걸 못하고 귀찮았으면, 뭐든지 먼저 만나는 사람에게 다 드려 버린다니까요."

나눈다는 건 셈한다는 것과 비슷하다. 공평하게 나누려면 아주 정확한 숫자 계산이 필요하다. 셈하고 헤아린다는 건 저울이나 정확히 할까. 사람은 어렵다. 무한하시고 영원하신 하나님도 셈하고 계산하시는 게 힘드셨는지 셈하고 계산하지 말라고 하신다.

"주라 그리하면 너희에게 줄 것이니 곧 후히 되어 누르고 흔들어 넘치도록 하여 너희에게 안겨 주리라 너희가 헤아리는(계산) 그 헤아림(계산)으로 너희도 헤아림(계산)을 도로 받을 것이니라"(누가복음 6:38).

'사랑은 헤아리지도 계산하지도 않고 다 주는 것이다.'

당신은 팔색조

“선생님은 팔색조(八色鳥)예요.” 어느 친구의 말이다.

“산골 어느 친구는 나를 색깔이 없는 무색(無色)이라고 하던데요.”

15년 전쯤. 그 친구의 산골 집에서 며칠 묵었다. 친구가 바쁘니까, 내가 청소도, 설거지도 하고 반찬도 챙기고 했다. 그런 나를 보고 산골 친구가 말한다.

“기일혜 씨 당신은 무색이어요.”

그래서 나는 무색이라고 하니까, 서울 친구가 강하게 부인한다. “아니어요. 선생님은 팔색조예요. 아주 여리고 소심한가 하면 담대하고 얼마나 단호하다고요. 선생님이 밑바닥까지 내려가서 청소도 하고 하니까 무색이라고 하는데, 그건 선생님이 겸손해서 다 받아들이니까 그렇지요. 선생님은 팔색조예요. 선생님 안에 예수님이 계시기에, 하나님 말씀이 있기에 겸손해지는 것이지요.”

내가 팔색조로 보인다면 그 색깔 예수님 안에서 다 녹아서 정결한 흰색이 되어야 한다.

우리 매일 만납시다

어느 친구네 집 안방이다. 나는 아랫목 벽에 기대어 앉아 있고, 친구는 옆벽에 앉아 있다. 그렇게 하루 종일 앉았다 저녁 8시 넘어서야 일어난다. 일어나는데 친구가 말한다.

"하루 종일 선생님도 나도 그 자리에 그대로 앉아서 보냈네요." "그랬네요."

"선생님 우리 이렇게 매일 만나요."

"그럴까요. 나는 오늘 여기서 종일 앉았다가 대어(大漁)를 낚았으니까요. 강태공같이 온종일 앉았다가 저녁에 당신의 시(詩)를 발견했으니까요. 그러니… 저야 매일 만나고 싶지요." "선생님 부끄러워서 안 보여 드리려다가 보여 드렸는데…."

매일 만나자는 친구에게 잠언의 이 말씀을 드린다.

"너는 이웃집에 자주 다니지 말라 그가 너를 싫어하며 미워할까 두려우니라"(잠언 25:17).

그것은 낭비가 아니다

일본 요코하마에 대형 크루즈 선이 10여 일간 정박해 있었다. '코로나19' 때문에. 10여 일 만에 미국은 자국 비행기로 승객 모두 380여 명을 다 데려갔다. 도착지에서 또 14일간을 격리되어야 한다. 그러자 젊은 아가씨 같은 여인이 온 얼굴을 감싸 쥐고서 펑펑 운다. "14일간을 또 격리한다고! 내 인생 한 달이 날아간다고요!" 통곡에 가까운 울음이다.

"인생 80에 비하면 한 달은 아무것도 아닌데…" 하다가 이해한다. 노년의 한 달보다 청춘인 그녀의 한 달은 길고 길게 느껴지겠지… 남아공 만델라는 감옥에서 27년을 살았다. 출감 후, 그는 남아공 대통령이 되어 포용 정책으로 링컨 버금가게 위대한 정치인으로 역사에 남았다.

감옥에 갇혀 있는 세월이 꼭 낭비일까? 갇힌 생활은 바깥세상의 평온한 삶보다 내면이 자라는 인내, 성숙의 시기.

하긴 열 번 감옥 갔다 와도 똑같고, 더 나빠진 경우도 있지만. 그녀가 격리돼 있는 동안 세계 어느 여행지에서도 못 본 자아와 본질, 영원한 삶과 대면하길 바란다.

공부하는 여성이 아름답다

어느 친구 집에서 만난 여인이다.

그는 57세 부인이지만 파격적인 옷차림이다. 내가 부인에게 묻는다.

"옷차림이 파격적이라 신선하네요." 친구가 거든다.

"이건 덜해요. 다른 때는 더 파격적이어요."

옷이 파격적인 건 권태, 무의미를 벗어나기 위한 몸부림 아닐까 하면서 여인에게 더 말한다.

"옷이 아름답네요. 이 추위에 하늘거리는 치마를 입고 (레깅스 위에다 입음) 분홍 망사 스카프 보라색 점퍼, 분홍 스웨터 분홍 양말까지. 파격은 때로 시원해서 좋아요."

"…어려서부터 옷을 좋아했어요."

"더 무한한 것을 좋아하시면 좋을 것 같은데… 이런 것 다 무의미하지 않아요?"

"그래서 의미를 찾아서 화훼 기능사 자격증을 따 보려고요. …요즘도 무료하진 않아요. 구청 문화원에 다녀요. 하루는 노래 교실, 하루는 댄스 배우고, 하루는 수영, 하루는 자원봉사, 하루는 골프하고… 쉬는 날이 없어요. 너무 열심히 운동하고 살았더니 몸에 신호가 왔어요. 목이 약하고 비염도 심해요."

많이 긍정적이고 순하고 착한 데도 있어 보이는 이 여인에게 내 책을 사인해서 드린다.

"공부하는 여성이 아름답다."

그가 화훼 기능사 자격증 얻기 위한 공부를 하면서, 신앙도 가지고 인생의 참 의미를 찾아내었으면 한다. 무의미한 인생은 없다. 하나님은 사람을 사랑하시기에, 다 의미 있게 만드셨다. 그가 그 의미를 찾는 공부를 했으면 한다.

그 의미를 높은 데 두지 말고, 작고 하찮은 일이라도 남에게 도움과 유익이 되는 삶에 두기를.

남을 돕고 남에게 유익이 되는 삶은 아무리 하찮고 작은 일이라도 다 의미가 있다.

감탄사적(感歎詞的) 인사는 그만

아주 매섭게 추운 겨울날 저녁.

나는 친구네 집에 앉아 있는데, 남편에게서 전화가 온다. "잘 도착했다고…."

남편이 지금 지하철 홍대입구역에 잘 도착했다는 전화다. 추운 저녁 시간에 남편 저녁도 안 차려 주고 친구 집에 앉아 있는 아내에게 걱정하지 말라는 말이다.

아내는 그 배려에 감동해서 "어머 그랬어요, 세상에 이렇게 추운데… 걱정하고 있었는데, 고마워요. 조심하셔요. 오실 때는 따뜻한 국물이라도 사 먹고 오세요."

"감탄사적 인사는 그만…."

예상 외의 남편 말에 의아해하면서, 옆에 앉아 있는 친구에게 말한다. "남편이 감탄사적 인사는 그만하라네요."

친구는 내 말에 당황하는 얼굴이다. 지금까지 알고 있는 당신 남편답지가 않다는, 몹시 당황한 얼굴이다. 어떻게 그런 매정한 말을 아내에게 할 수 있느냐? …친구는, 아내가 저녁 시간에 집에 없으니, 남편이 그런 것 아닌가 하고 미안하고 놀라는 표정이다.

그러더니 친구는 내게로 말머리를 돌린다.

"자존심 안 상하세요?"

"자존심 안 상해요. 내 감탄사적 인사, 얼마나 많이 들었으면 '이제 그만' 하겠어요. 사람이 양심이 있어야지. 남편도 사람인데…."

남편은 그날 저녁 지하철 홍대입구 근처 소극장으로 친구랑 연극 보러 간다고 했다. 날씨는 추운데 아내가 외출해서, 저녁으로 김밥 한 줄 사 먹고… 그래서 미묘하게 기분이 안 좋아서 '감탄사적 인사는 그만' 했을까.

'잘 도착했다고.' 아내를 안심시키는 남편의 전화에 감동하는 아내에게 그런 대꾸는 좀 너무하지 않은가, 친구 말처럼 자존심이 좀 상할지도 모른다.

그러나 자존심 위에 부부애는 있다. 순간 스쳐 가는 기분 섞인 말에 의미를 두어선 안 된다. 아내의 의무는 못하면서 언제나 감탄사적 인사나 보내는 아내가 지겨울 수도 있다. 그러나 아내는 그런 남편을 이해해야 한다. 아내는 남편의 어머니도 되니까.

청소부 아줌마의 정직

지금까지 우리 아파트 음식물 쓰레기통이 이렇게 깨끗한 적은 없다. 가끔 아파트 계단이나 복도를 청소하는 그 아주머니를 보면 온기가 전해지면서 든든해진다. 언제 한번 감사하다고 말씀드려야지 하면서도 먼발치서 그냥 스쳐 지나기만 했는데, 그날은 아파트 현관문 앞에서 갑자기 마주친 그에게 내가 말한다.

"아주머니가 오셔서 음식물 버리는 통이 항상 깨끗해요. 전에는 이렇지 않았어요."

그날따라 지갑에는 5천 원 한 장과 천 원짜리 몇 장이 있다. 나는 5천 원을 꺼내서 드린다. 천 원짜리까지 차마 드릴 순 없어서, 나중에 더 드리지 하고.

"적어서 부끄럽습니다. 이거라도 넣어 두세요."

"저 이달 말에 그만두는데요. 받을 수 없어요."

"그러면 더 받으셔야지요… 참으로 정직하십니다. 어디 가시든 잘 사실 거예요."

아주머니는 감사하게 받는다.

구름은 천재

내 방에서 해 뜨기 전의 동쪽 하늘을 바라본다.

몇 개의 능선 위로 펼쳐진 무한대의 하늘. 하늘보다도 구름을 본다고 할까. 언제나 새로운 구름의 모양을 보기 위함이다. 오늘은 진회색 집채만 한 구름이 둥둥 떠다니는 밑으로 엷은 노을 색 하늘이 곱다.

얼마 지나서 아침 8시쯤 하늘을 보니, 고래 모양의 거대한 진회색 구름들이 한 방향을 향하여 몰려가는 것 같다. 얼마 있다가 보니, 고래 모양의 진회색 구름은 사라지고 나룻배만 한 흰 구름이 둥둥 떠 있다. 구름은 시시각각으로 모양을 바꾼다.

이 변화무쌍한 구름을 천재라고 한 일본 작가가 있다.

'구름은 천재다.'

지난 초겨울 영암에서 며칠 묵을 때, 조 선생님이 내게 물었다.

"기 선생님은 일본 작가 중 누구를 좋아하십니까?"

전문적인 질문에 나는 약간 어리둥절하면서 대답한다.

“《설국》, 《이즈의 무희》의 작가 가와바타 야스나리요. 노벨 문학상을 탄.”

“그래요. 오래전에 가와바타 야스나리하고 절친한 친구가 영암에 왔단 말이요… 결국 그 친구도 자살하고 말았지만…. 나는 일본 작가 이시카와 다쿠보쿠를 좋아합니다. 일찍 요절했어요… 하도 가난해서 친구가 오면 밥할 쌀이 없어서, 아내가 외상으로 쌀 사 오고 술 사 오고… 친구들과 밤새 얘기한단 말이요. 그가 요절하자, 그가 친구들과 밤새워 한 얘기가 명작으로 남았단 말이요. 그가 죽자, 그의 글이 유명해졌어요. 그 아내는 부를 누렸겠지만… 이시카와 다쿠보쿠가 친구와 밤새워 가면서 얘기할 때, 눈물을 뚝뚝 흘리는 친구에게 한 말이 ‘눈물은 마음의 기둥을 쥐어짠 피와 기름이다’ 했단 말입니다.”

일본 작가 이시카와 다쿠보쿠 작품을 한번 읽어 보고 싶다.

비단옷 입혀 주면 우는 아이

친척 기숙해 님(84세)을 만났다. 이것저것을 가지고 오셨다. 뭐든지 주고 싶어 하는 그의 마음. 그는 비닐봉지에 깨끗하게 포장한 머플러 두 장을 내놓으면서 말한다.

"…이 마후라 둘. 새것은 아니지만 몇 번 안 썼어요. 하나는 드라이하고 하나는 어젯밤에 손빨래했어요… 손빨래해서 마른 수건으로 물기 빼고 온풍기로 바람 쏘이면 돼요. 작가님 갑자기 만나게 돼서… 친척이니까 있는 것 드리지, 남이면 못 드려요… 친척은 이상하게 땡기는 데가 있어요."

밤에 손빨래해서 정성 들여 말린 저 머플러를 내가 가질 수 있을까? …덕성과 재능, 미모를 지니시고, 온 집안 소녀들의 꿈, 멘토였다는 숙해 님. 어려서 비단옷 입혀 주면 못 입는 아이들 보기 부끄럽다, 안 입는다고 울었다는 숙해 님.

그 울던 마음이 이제 예수님 만났으니, 온갖 체모(체면), 정숙(貞淑)함, 예의범절 다 내려놓으시고 주님 안에서 자유하시길.

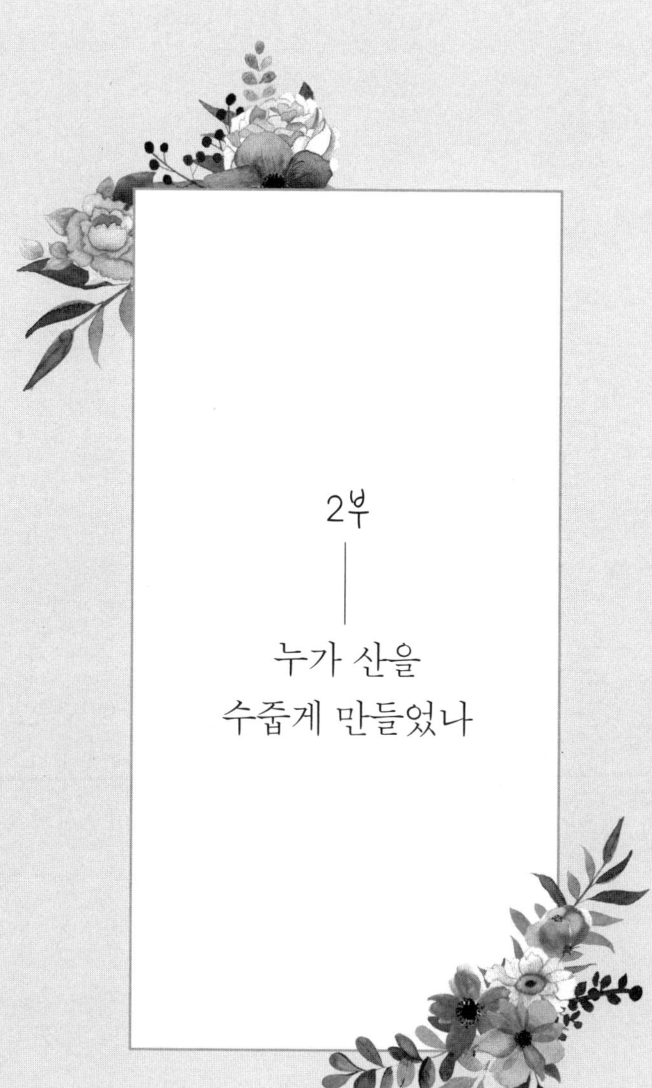

2부

누가 산을 수줍게 만들었나

메리 크리스마스

12월 25일 아침 9시쯤. 몸이 많이 아픈 친구에게서 전화가 온다. 그리고 "메리 크리스마스!" 한다. 내가 크게 웃자, 친구도 크게 웃으면서 "우리도 한바탕 웃자고!" 한다.

그리고 구세주 탄생 묵상한 내용을 말씀하신다.

"… '저 들 밖에 한밤중에…'라고 했어요. 천사가 구세주 탄생을 화려한 궁전에 안 전하고 춥고 외로운 들판에서 양치는 가난한 목자들에게 전했어요. '…양 틈에 자던 목자들…' 양치기들이 한밤중에 빈 들에서 얼마나 추우면 양 틈으로 비집고 들어갔겠어요. 양털이 따뜻하니까. 예수님은 소외되고 병들고 가난한 자들에게 먼저 찾아오시지요.

어제 묵상하면서, 내가 '더 내려갈 수 없는 가장 낮은 자리'에 있는 걸 감사했어요. 그 자리에서 구세주 탄생을 묵상하게 하신 은혜를 감사했어요."

'더 내려갈 수 없는 가장 낮은 자리에 있는 걸 감사….'

낮아질대로 낮아짐을 감사하는, 예수님 마음 같은 이 여인이 내 친구다.

가슴 아픈 연하장

투병 생활하는 어느 자매가 보낸 아픈 연하장이다.

연푸른 소나무 세 그루 위에 붉은 해가 둥실 떠 있는.

"작가님 그간 편안하시지요? 이○남 자매가 모처럼 인사드립니다. 늘 주님 때문에 행복해하시는 모습은 생각날 때마다 마음의 고향처럼 포근해진답니다…. 글은 여전히 잘 쓰고 계신지요? 주님께서 지혜와 힘을 더욱 주셔서 새롭게 해 주실 걸 믿어요. 새해는 소원하시는 기도가 풍성한 열매되길 기도드리며, 새해 복 많이 받으세요."

"…몸은 좀 어떠셔요? …아무도 연하장 보낸 사람 없는데 가장 약하신 분이 보내셨네요. …내가 당신 사랑 많이 받았는데, 이러고만 있습니다. 애잔한 마음만 가지고…."

"…저도 이제 기운 잘 차려 가고 있습니다. 책 마무리하시면서 힘드실 텐데 너무 무리는 마시길 바랍니다. …화이팅을 전해드리며 God bless you!"

"속히 더 기운 차리세요. 힘겹게 보내신 연하장.

가슴 저미는 눈물로 받습니다."

오늘분의 사랑

오늘 내가 자기 전에 할 일이 있다
오늘분의 사랑을 다 쓰는 것이다
조금도 남기지 말자
다 사용한 빈 가슴으로 잠자리에 들자
샘물처럼 차오르는 내일의 사랑을 기다리며

하루가 다 끝나 가는데, 이런 시가 생각난다. 좋은 생각은 곧 행동으로 옮겨야 한다.

그렇다고 '오늘분의 사랑을 다 쓰려고' 이 밤에 누구를 사랑하러 나갈 것인가. 가까이 있는 남편에게 이 마음을 전한다.

"잘 주무셔요. 당신의 영혼을 주님께 맡기고…."

'샘물처럼 차오르는 내일의 사랑을 기다리며.'

나도 잠이 든다.

지하철역에서 팻말 들고 있는 소년

오전 9시쯤 일이 있어서 친구 집으로 간다. 지하철역 개찰구 앞에 교통 예절 지키기 팻말을 들고 서 있는 소년이 있다. 무심히 지나치려는데 이런 말이 생각난다.

"사랑하면 유전자가 살아난다."

나는 지금 누군가를 사랑하는 마음을 가득 품고 친구 집으로 날아가고 있다. 이 사랑하는 마음을 누구에게 전해 주면서 가면 더 좋지 않을까. 나는 팻말 든 소년에게 다가가서 말을 건넨다. 다정하고 진실 온화한 목소리로.

"아침은 먹고 나왔어?" "예." 아침을 잘 먹고 나온 얼굴이다. "그래도 어머니는 마음 아파하셨겠지. 명절 다음 날 봉사하러 나가니까." 소년이 웃는다. 그 웃는 얼굴이 꼭 그만했을 때의 손자 얼굴 같다. 더 다정히 얘기하면서 보니, 피켓 뒤에 스마트폰이 감춰져 있다. 나는 멋쩍어하는 소년에게, 내 손자에게 말하는 것처럼 등을 토닥거리면서 말한다.

"살짝살짝 눈치 보아 가면서 해야지."

그러자 소년은 내게 더 가까워진 웃음을 보낸다.

감탄은 탐심인가

고흥 한 교회에서 예배드리고 어느 교인 집으로 전 교인이 심방 간다. 나도 따라간다.

교인은 얼마 전에 무릎 수술하고 퇴원했다. 그 집은 건축하는 교인의 남편이 지었다는데, 포근하고 아늑하게 남향으로 자리 잡고 있다.

집 안으로 들어서자, 양지바른 텃밭 군데군데에 군청색 배추, 상추가 보인다. 내가 상추를 보고 감탄한다.

"어머나, 저 상추 좀 봐! 저 상추!"

그러자 옆에 있는 어느 분이 "탐심은 죄니라" 한다.

내가 "아니에요. 좋아하는데요. 욕심 안 내고 좋아한다니까요" 해도 그분은 "탐심은 죄니라" 말만 반복한다.

그럼 꽃을 보고 감탄하는 것도 탐심이란 말인가? 하다가, '내 감탄에 나도 모르게 욕심이 묻어 있는지도 몰라.' 그분 말씀이 참 예리하구나, 했다.

아내는 눈에 보이는 하나님

남편을 업신여기고 무능하다고 하는 아내에게 하나님은 말씀하신다. '아니다, 남편의 존재를 인정하고 존경해라. 남편이 부르는 것이 곧 이름이다….' 아내를 무시하는 남편에게도 하나님은 말씀하신다. '아니다, 아내는 생명의 유업을 함께 받아야 할 눈에 보이는 하나님이다.'

어느 목사님의 설교 말씀이다.

남편이 부르는 것이 곧 그 이름(본질)이라고? 남편을 무시하는 아내에게 남편이 "당신은 솥뚜껑 운전사야" 하면, 아내가 곧 그렇게 되는 건 아니라고. 남편 말에는 그만큼 권위가 있어서, 아내의 정서에 안 좋은 영향을 준다는 말씀. 남편 무시하는 건 곧 자신을 무시하는 것이니까.

그리고 더 놀라운 말씀은,

'아내는 눈에 보이는 하나님이다.'

아내는 '돕는 배필'. 돕는다는 원어는 하나님께 쓰는 언어라고 한다. 아내가 남편에게 눈에 보이는 하나님이 되려면, 하나님 말씀대로 도와야지, 자기 생각대로 돕지 말고.

카푸치노색

사람이 하는 말은 의미가 있고 영향력이 있다고 한다.

어느 날 어느 친구 집에 가서 이야기 나누는데, 그가 내 머플러를 보고 하는 말이다.

"이건 카푸치노색이네요."

친구의 말을 듣기 전, 도토리색도 같고 밤색도 같은 이 갈색 머플러가 별로 맘에 들지 않아서 애용하지 않았다.

그런데 그날 '이건 카푸치노색이네요' 하는 말을 들었다.

카푸치노라는 어감 때문일까? …'파란 참푸꽃'이 신선하게 느껴지면서 궁금해지듯이, 그 뒤부터 이 머플러에 손이 자주 간다. 친구의 말 한마디에 머플러가 달리 보인다.

어느 땐 그 보드라운 순모 머플러에서 감미로운 낭만이 느껴지기도 하고. 카푸치노색, 신비하기까지 하다.

가난한 떡집 아주머니가 누가 주었다고 내게 준 이 카푸치노색 머플러는 자주 애용해도 지루하지 않고 볼 때마다 새롭게 맘에 든다. 내게서 다시 태어난 '카푸치노색'.

감당고개를 넘어가면

오늘 정죽 님으로부터 편지를 받았다.
언제나 새롭지만 이번엔 더욱 새롭다.

"김치를 나누어 드렸는데, 내 것이 더 많은 것 같아 계속 괴롭습니다. …(생략)… 책(기일혜 수필집 40)을 읽으면서 계속해서 갖는 느낌은, 지금은 볼 수 없지만 나 어릴 때 감당고개를 넘어가면 맑은 냇물이 있었습니다. 징검다리도 있고 모래밭도 있고 그 냇물은 조약돌 위를 흘렀습니다. 아무 오염도 없는 맑은 물이 햇볕에 반짝이면서 계속 흐르고 있습니다. 이 느낌 속에서 계속 읽어 갔습니다.
그러다 가슴을 쿵 하는 제목이 나왔습니다.
'부자 하나가 나오려면 두 마을 사람이 망해야 한다.'
이 말은 이 시대를 향한 원자 폭탄 같은 말입니다. 이 시대를 향한 더 강한 멧세지(메시지)가 있을까? 한국의 아들, 딸들이여 이 말을 들으라. 그리고 뉘우치라 외치고 싶습니다…(생략). 김정죽(85세)."

노 선생 댁의 다육이 식물원

그날, 광주에서 옛날 사범 학교 친구들 넷이 만나, 밖에서 점심 들고 노 선생 댁으로 간다.

노 선생 남편이 집에 계신다. 고등학교 교장 선생님이었던 노 선생 남편은 인사하면서 보니, 근엄하시고 단정하게 조용하신 분이다. 내 글을 읽고 독후감도 해 주신 분이지만 대화 나누기는 많이 어려운 분이다.

그 댁 베란다는, 층층 선반에 수백, 수천(?)의 다육이 선인장이 자라는 가정 식물원이다.

친구 남편과 대화하고 싶은 마음도 앗아가 버리는 수많은 다육이들! 친구 백 선생이 계속 감탄하는 바람에 나도 함께 감탄만 하다, 노 선생 남편과 대화 한마디 못 하고 와서 아쉬움이 남는다. 그러나 아쉬움은 어떤 대화보다 오래 남기도 한다.

왜 아쉬움을 없애려고 하는가. 마음을 비워 두지 않고 무엇으로 채우려고만 하는가.

아쉬움, 그 여백이 말을 하도록 놓아두어야 한다.

백 선생과 선홍색 제라늄

백 선생은 내게 조금은 남다른 친구다.

사범 학교 다닐 때도 마음의 눈길을 가끔 교환하면서 지냈다. 그녀가 지닌 순수함 때문이리라. 그 친구와 더 각별해진 건 내가 동경에서 집회할 때, 집회에서 만난 백 선생의 아들 며느리가 나를 자기네 집으로 초대했다. 그때, 그 아들 내외를 훌륭한 젊은이로 기억하고 있는데, 지금도 그렇게 잘 살고 있다고 한다.

백 선생을 내가 더 기억하는 건, 언제 내게 편지를 보냈는데, 내가 깜짝 놀랄 만큼 잘 썼다. 그걸 어디다 보관한다고 했는데, 찾지 못하고 아쉬워하고 있다. 백 선생은 나하고는 상대가 안 되는 명문가의 딸이지만 마음 한 자락이 닮으면 서로 각별해진다.

이번에 노 선생, 박 선생이랑 그의 집에 들렀다. 햇빛 좋은 베란다에 놓인 여러 개의 화분에서 타는 듯, 만발한 선홍색 제라늄이 지금도 내게 진한 여향(餘香)으로 남아 있다.

그는 집 안을 다 둘러보게 하고, 자기 옷 방에 가서는 나를 보면서 말한다.

"일혜야, 너 입을 만한 것 골라 봐."

"다 고급 옷이라, 나에겐 안 어울린다."

"오지 마라고 하니까 와 갖고… 오지 마라고 하니까 와 갖고…."

백 선생은 그날, 그 이튿날도 우리 친구들에게 몇 번이고 이 말을 반복한다. 별 의미도 없는 말같이 들리나, 이 말 속에는 그의 때 묻지 않은 속맘이 들어 있다. 그 '속맘'을 자기도 어떻게 표현할 수 없었는지 이 말만 반복한다.

'오지 마라고 하니까 와 갖고….'

백 선생 무의식에서 나오는 이 말 속엔 친구들에게 보내는 그의 맑은 우정과 투정이 섞여 있다. 친구들에게 잘 해 주고 싶은 마음과, 마음같이는 잘 안 되는 현실 사이에서 오는 연민 같은 건 아니었을까. 그 말 속엔 귀하게만 자란 어리광과 곧이곧대로 사는 단순 무구함, 옛날에의 아련한 향수가 들어 있다고나 할까.

아픈 다리를 끌고 이틀이나 친구들과 동행해 준 그 우정이, 그의 다친 무릎에서 나는 진물처럼 이 글을 쓰고 있는 내 심정에서도 아리게 진물이 나고 있다.

마음은 마음을 보고 있다

내 수필집(41) 원고 추가분을 출판사로 보냈다.

전에는 아들이 와서 이메일로 보냈는데, 코로나19로 안 오기에 내가 해결했다. 이메일을 못 하니까(전에는 했는데) 원고지 50여 장에다 써서 보냈다. 내가 페이지 계산을 잘 못 했는지 그래도 모자라니 원고를 더 보내 달라고.

더 보내라는 글 네 편. 스마트폰 사진으로 보내니 글자가 깨져서(희미해서) 잘 안 보인다고. 이메일 못 하니 원고지에 다시 써야 한다. 심란하다. 오랫동안 안 하니까, 자신의 이메일 주소도 잊어버린 나. 한심하고 무능한 자신을 보며 종일 우울하다. 일이 손에 안 잡혀 코로나19 뉴스만 보고 있다. 세계적 재앙인 코로나19 무섭기도 하다. 그 무서움도 내 우울감을 쓸어 내지 못한다.

저녁에 편집실 팀장님(이선애)이 내게 전화한다.

"…사진으로 보낸 원고 다시 보니 볼 수 있어요. 이거 20분이면 돼요(타이핑으로)." "그래요! …낮에 근무하고 밤엔 쉬셔야 하는데… 오늘 하루 종일 우울했는데, 팀장님 전화에 다 날

아가네요." "그러셨어요. 그럼 진즉 전화드릴 걸 그랬네요."

팀장님 대답은 즐겁고 낭랑하다. 밤에 남의 일 해 주면서도 즐겁고 낭랑하다니… 팀장님은 사람 마음을 어루만져 주는 데가 있구나. 한없이 기뻐지면서 슬퍼지려고까지 한다.

갑자기 세상이 환해진다. 한 사람의 따뜻한 마음이 한 사람을 살려 낸다. 그렇게까지 내가 기쁜 건, 퇴근한 저녁 시간에 '먼저 전화해서 남의 일 도우려는 팀장님 마음'을 봤기 때문이다.

아침에 일어나서 보니 팀장님이 내가 사진으로 보낸, 깨져서 희미한 원고를 판독해서(?) 읽고 그 글을 그대로 보냈다. 확인하라고. 이런 글도 함께.

"읽어 보시고 틀린 부분 문자 주세요. 내일 아침에 수정해서 작업할게요. 전 이제 밀린 집안일 좀 하고 드라마 한 편 보고 잘 것 같아요. 선생님 안녕히 주무세요."

그의 완벽한 배려에 말문이 막힌다. 먹먹한 가슴으로 팀장님이 판독해서 보내 준 4편의 글을 본다. 틀린 곳이 몇 군데밖에 없어서 답장 보낸다. "…종일 근무하고 피곤한 밤에 집안일 미뤄 두고 제 일부터 하시다니. '드라마 한 편 보고 잘 것 같아요.' 이 여유와 넉넉함, 멋스러움이 저를 편안하게 기대게 합니다. 이 일로 인해서 받은 당신 우정을 평생 안고 가겠습니다."

같이 살았으면 좋겠어

박정자 선생 댁에서 이틀 밤을 보냈다.

낮에는 외출하고 저녁에는 주로 친구랑 그의 남편 김 선생님과 얘기하면서 보낸다.

김 선생님은 소음이 싫다면서, TV도 무음(無音)으로 해 놓고 보신다. 소음은 요란해서 피곤하시다고. "소리를 안 들어도(운동 경기) 대강은 알겠드구만요."

운동 경기 보는 걸 좋아하시는데, 승자와 패자의 표정 보는 게 재미있다고 하신다.

"인생도 운동 경기 같아요… 기 선생님이 오시니까 집안에 활력이 있고 좋습니다. 한집 식구 같은 게 좋아요… 같이 살았으면 좋겠어요."

어린아이 같은 말씀에 친구와 나는 웃기만 한다. 이렇게도 아내의 친구를 환영하시다니. 멋있는 남편이다. 아내를 좋아하니, 아내 친구인 나에게도 대접이 극진하시다.

박정자 선생님과 김상열 선생님은 보기 드문 부부의 참 표상(表象)이다.

가난이 불편하지 않은 사람

어느 친구 집에 앉아서 그의 손을 본다.

유난히 보드랍고 곱다. “손이 곱네요.” “내가 잘 가꿔요.”

그는 깔끄러운 내 손을 보았는지, 알로에 크림을 주면서 바르라고 한다. 나는 거절한다.

“동생이 준 코코넛 크림도 있어요. 그것도 잘 안 발라요. 요새는 화장품 값이 비싸요. 나는 누가 준 핸드크림이 많아서 얼굴에도 발라요.” “안 돼요. 좋은 크림을 발라야지요.”

“손등이나 얼굴이나 다 같은 피부인데, 뭐 어떻겠어요.”

얼마 전, 누가 준 영양크림을 손이 고운 이 친구에게 주었다. 좋은 것은 남에게 주어야지 내가 쓰면 아깝다.

나는 세수하고 핸드크림, 영양크림 있으면 바르고. 아무것도 안 바른 사람도 있는데… 가꾸지 못해서 손이 깔끄러워도, 화장 잘 안 해서 안 예쁜 얼굴도 좋다. 밤에 화장 지우는 세수 안 하니 편하고.

가난은 삶을 단순하게 하고, 까칠하게 메마른 내 얼굴은 죽을 때가 가까우니 남은 세월 아끼라고 경고한다.

보태지도 빼지도 않고 쓰는 글

청옥 님의 문자 편지다.

"제 이야기도 두 편이나 실려 있으니… 선생님은 보태지도 빼지도 않고 사실대로 쓰시는구나… 사실 그게 어렵잖아요."

내 가슴이 덜컥 내려앉는다. 내가 청옥 님에 대한 글을 '보태지도 빼지도 않고 사실대로 썼나?' 청옥 님 문자 편지는 내게 경고하는 것 같다. 앞으로 더 사실대로, 조금의 보탬이나 뺌도 없이 쓰라고. 그러나 청옥 님 말씀대로, 사실대로 쓰기가 어렵다. 그때의 말과 느낌, 분위기도 살아 있어서 그 순간이 지나면 조금씩 희미해지기 때문이다. 그걸 그대로 잡아서 표현하기가 어렵다는 것이다.

그리고 더 중요한 것은, 내가 쓰는 어떤 사실이든, 정황이든 내 영혼을 통과해서 나오기에 내 영혼이 묻게 된다는 것. 주님은 생명을 다 다르게 만드셨는데… 그 생명의 독특한 본질을 그대로 담아내야 하는데… 주님의 전폭적인 도우심을 간구한다.

노후 준비보다 먼저 사후 준비

늙어서 비참해지지 않으려고 사람들은 노후(老後)를 준비한다. 운동하고 재산을 비축하면서 노후 삶을 대비한다.

아무리 준비 잘해도 노후 다음엔 반드시 죽음이 온다.

그 죽음을 준비해야 한다. 죽음 준비 시기는 따로 없다. 살아 있는 한 사람은 언제나 죽음을 준비해야. 죽음은 청춘에도 찾아오니까.

늙으면 다 비참해진다. 그 비참의 시기가 지나면 사망. 영원한 생명 길과 영원한 죽음의 길로 갈라진다.

노후 준비보다 사후(死後) 준비가 더 시급하다.

죽음은 끝, 그만 아니다. 죽음 너머에 삶이 있다.

"예수께서 이르시되 나는 부활이요 생명이니 나를 믿는 자는 죽어도 살겠고 무릇 살아서 나를 믿는 자는 영원히 죽지 아니하리니 이것을 네가 믿느냐 이르되 주여 그러하외다 주는 그리스도시요 세상에 오시는 하나님의 아들이신 줄 내가 믿나이다"(요한복음 11:25~27).

수백 번을 반복해도 되는 사랑의 말씀이다.

선생님 하지 마!

내 책에 나오는 사람들을 궁금해하면서 보고 싶어 하는 독자들이 있다.

한번은 미국에 있는 독자가 한국에 나왔는데, 내 책에 나오는 '혜경 엄마'를 만나고 싶다고 한다. 영암 조 선생님 댁에 한번 가 보고 싶어 하는 이도 있고, 우리 남편을 한번 만나 보고 싶다고 하는 분도 있다. 어느 교회 사모님은 강단에서 내려오는 내게 인사하면서 첫마디가 이렇다.

"만나고 싶었습니다." 그 어감이 어쩐지 내가 아닌 것 같아서, "누구를요?" 하니까 "남편이요" 한다.

내 남편 팬이라고 하는 분들도 더러 있다.

며칠 전, 내가 친구에게 말한다.

"이 수필집을 다 내면, 책 속에 나온 분들 모시고 예배드리면서, 한 분 한 분 소개하고 싶어요. 책 속의 사람들을 궁금해하시니까."

"선생님 하지 마! 절대 안 돼요. 안 보아야 아름다워요. 보면 실망만 해요."

죽고 사는 건 하나님 소관

가끔 집으로 전화하시는 고령의 시골 할머니(92세).

오늘도 전화가 온다. 그는 내 남편이 전화 안 받으니 어디 갔느냐고 해서, 외출하려고 면도한다고 하니,

"아이고 어르신이 면도도 하시고. 아직 젊소. 늙어서 주름지면 면도도 못 해라우. 반듯한 얼굴도 비는데(베이는데) 주름지면 얼마나 비겄소. 미장원에서도 늙은이 면도는 안 해줄라고 그래… 요즘은 수염도 맨드라라우(만들어요) 다 밀어버린 게 아니라… 왜 웃소?"

"말씀을 하도 재미있게 하시니까, 웃지요."

"천리만리 떨어져도 웃제. 전화로 쌈(싸움)은 못 한다요… 나 요새 꿈자리가 사나와라우. 강사님 남부끄라서 어디다 대고 말도 못하지만, 2년만 더 살고 싶소."

"2년이 뭐요? 100세 시대인데, 꿈자리 사나운 것 소용없어요. 죽고 사는 건 하나님 소관인데. 편안하셔요."

"그러지라우(그렇지요)."

안심하는 할머니 목소리에 나도 안심이 된다.

이정숙 님 남편의 기도

홍성 홍주교회 이정숙 님. 교회 목양실에서 그를 처음 보았다. 그날, 그가 여전도회 헌신 예배 사회자라고 해서 눈여겨보았다. 나는 그가 젊은 새댁인가 했는데, 그 고장에서는 유명한 음식점을 30년 경영하고 있는 30년 경력의 '셰프'라고 한다.

하루는 그가 그의 음식점에서 일하고 있는데, 격렬한 두통이 나서 급히 남편에게 전화한다. 남편이 차에 싣고 병원으로 가는데, 하도 급하니까, 남편이 하나님께 기도한다.

"이정숙은 하나님 자제다!! 이정숙은 하나님 자제다!!!"

아내가 그 기도 들으면서 얼마나 우스웠는지, 한참 웃다가 보니, 아프던 머리가 다 나아서, 다시 음식점으로 돌아가서 그날 일을 잘 마쳤다.

그날, 이정숙 님 집 거실에는 정임 언니(사모님), 김봉주 님, 고센 목장의 유순자 님이 있었는데, 모두 몸을 뒤틀면서 눈물이 나도록 웃었다. 주님은 다급해서 드리는 어린아이같이 서툰 기도는 더 즉각 들어주시는 것 같다.

시심(詩心)이 없어지는 남편에게

홍주교회 김봉주 님 댁에서 하룻밤을 지내고 난 아침이다. 책장을 보니 《한국의 명시》(김희보 저)라는 두툼한 시집이 꽂혀 있다. 시집 한 권으로 이 댁의 품격이 갑자기 한 단계 올라간다. 따님이 보던 시집인가 하고 주방으로 나가서 묻는다.

"책장에 시집이 꽂혀 있는데, 따님이 보던 시집이어요?"

"아니어요. 제가 보던 시집이어요. 제가 처녀 때 사서 본 책이어요."

이 집 주부가 본 시집이라니, 이 가정 품격이 또 한 단계 더 올라간다. 시집 초판 발행일이 1980년 12월 30일이니, 40년 전에 나온 시집이다.

"남편 직장이 당진이라고 했지요. 왜 당진으로 이사 안 가세요?" "이 교회에서 신앙생활하고 싶으니까… 주말이면 남편이 집으로 와요."

"남편도 시를 좋아하세요?" "전에는 문자로 시도 보내주고 하더니, 요새는 시심(詩心)이 죽었는가, 안 보내네요."

"당신이 보내야지, 남편이 보내는 시, 앉아서 읽기만 하고… 인제 당신이 먼저 보내세요."

아내 봉주 님은 웃기만 한다. 그래도 아름답기만 하다.

봉주 님과 내가 마주 앉아서 아침을 먹으면서 갑자기 내가 말한다. "봉주 님은 배우 같아요." "예에?"

"순간에 그런 느낌을 받았어요."

미는 순간적인가. 사람은 다 남이 안 가진 아름다움이 있다. 순간적으로 나타났다 사라진다. 봉주 님은 정말 어느 한순간에 '그레타 가르보'라는 전설적인 신비스런 여배우를 생각나게 한다. 여인의 '아름다움'은 순간이다. 더 잡아 두려면 시심을, 신심(信心)을 지니면 되지 않을까.

성경 시편 23편은 어떤 시보다 아름다운 시요, 누가복음 15장의 '탕자 이야기'는 어떤 소설(단편)보다 아름다운 소설이라고 한다.

우리 동네에 오신 손님

주진자 님 댁에서 하룻밤을 보내고 난 주일날 아침이다.

예배드리러 갈 준비하고 있는데, 옆집에 사는 홍주교회 교인 황애자 님이 오신다. 옆집에 오신 손님인 내게 인사하러 왔다고. 잠깐 있다가 나가시더니, 참기름과 들기름 두 병을 가지고 오신다. "이거 집에서 짠 것인데… 가지고 가셔요." "왜 내게 이런 걸 주셔요?"

"우리 동네에 오신 손님이니까요." "환영해서 주신 것은 감사하지만 저는 선물 안 받아요. 주시는 마음만 받겠습니다." 그는 내가 거절한 기름병 둘을 교회까지 들고 가더니, 다른 분에게 드린다. 거절당해도 집으로 안 가지고 가고, 다른 이에게 드리는 마음이 더 아름답다.

교회 점심상에 나온 깊은 맛 나는 깻잎 장아찌도 애자 님 댁에서 온 것이라고 한다. 교회에 손님이 오시면 내가 잘 만드는 반찬 하나라도 가지고 오는 마음도 곱고.

그날 오후, 정임 언니(사모님)를 졸라서 애자 님 댁으로 놀러 간다. 들어가는 입구 길에는 토종 국화 향기 은은하고,

나그네 짐을 내려놓고 싶은 곳

홍주교회 이정숙 님 댁에 모여서 성도의 교제를 하고 있다. 정숙 님은 그날 오후, 운영하는 음식점 일을 친척에게 맡기고 자기 집으로 우리 일행을 모시고 가서, 대화의 장을 마련해 준다. 그리고 음식의 달인답게 손 빠르게 새 반찬 만들어서 저녁 대접한다. 경상도 여인들이 씩씩하다면 충청도 여인들은 예의 바르다고 할까. 음식 달인인 정숙 님 표정에도 예의심이 가득하다.

그의 거실에는 시부모님과 그의 아들이 정답게 찍은 사진이 걸려 있다. 요새 누가 시부모님 사진을 거실에다 걸어놓나. 정숙 님은 시부모님도 잘 섬기는 며느리라고 남들이 말한다. 내가 그와 더 애기하고 싶어서 한마디 한다.

"이 댁에서 자려면 방이 없네요?" "있어요. 저 뒤쪽에 방이 있어요. 언제라도 오셔요." 순간이지만 그의 목소리에 담긴 진정, 사모함에 평안해진다. 말 한마디에 담겨 있는 나에 대한 그의 감사와 환대. 고단한 나그네 짐을 여기에 내려놓고, 하룻밤 푸욱 쉬고 싶어진다.

고센 목장의 여주인

그날, 우리 일행이 홍주교회 이정숙 님 댁으로 가서 담소하고 있을 때. 조금 늦게, 고센 목장 여주인인 유순자 님이 오신다. 연세가 일흔이어도 차를 몰고 오셨다. 자기 목장에서 갓 만든 치즈를 가지고. 갓 만든 치즈 맛이 고소하다.

이곳에 오려고 일하다가 급히 오셨다고 하니, 정열적이다. 내가 "바쁘신데도 머리나 옷차림, 단정하게 잘 차려입으셨네요" 하니, 웃으면서 머리도 새로 하고 왔다고 한다.

일하다가 흙 묻은 손으로 와도 멋있고, 깨끗이 씻고 머리하고 고운 옷 입고 와도 멋있다. 여자들은 가슴에 예수님 사랑만 품고 있으면 다 멋있고 아름다운 생명의 어머니들이다.

헤어져야 할 시간, 모두 밖으로 나간다. 어둡고 춥게 깊어 가는 초겨울밤. 손에 차 키를 들고 자기 승용차로 가서 차 문을 여는 나이 일흔의 유순자 님을 나는 자랑스럽게 바라보고 있다. 나이가 들어도 자기에게 주어진 삶을 능률적으로 사시는 유순자 님은 주님의 자녀다.

마지막 한 개 남은 바늘

섣달 그믐날, 어릴 때 친구 명자에게서 전화가 온다.

"일혜야 너 시간 있냐? …내가 뭣 정리하다가… 늬가 준 바늘 한 개가 있어야. 늬 오빠가 미국 갔다 올 때 선물이라고 줬어야. 바늘 한 쌈 줬는데, 작은 바늘은 수놓을 때 다 쓰고 이불 꿰매는 바늘 꼭 한 개 남았다."

"오빠가 나한테 한 쌈만 줬을 것인데, 그걸 너를 줬구나. 그때 네가 바늘이 가장 필요하니까 줬겠지. 너는 어머니 닮아서 바느질 잘했잖아. 수도 잘 놓고. 네가 네 학교에서 수 가장 잘 놓았지. 공부 잘해서 최우등상도 받고…."

"늬 오빠가 미국 갔다 온 지가 한 60여 년 되지… 너하고 추억이 많다. 뽕나무, 잠실, 누에가 뽕 먹는 소리가 아삭아삭 나고… 나는 내가 산 건 버려도 누가 선물한 건 못 버린다. 그건 마음이잖어… 나는 지금도 우리 어머니가 해 준 솜이불 홑청도 바느질해서 끼운다. 홀랑 넣었다 뺐다 안 하고." '선물은 그 사람 마음'이라 못 버린다는 친구 명자.

나는 그를 오랫동안 존중할 것이다.

의관을 정제하고

옛날에 남자도 외출할 때는 옷차림을 정리하여 단정히 하고 나갔다. 이것을 어려운 말로 의관(衣冠) 정제(整齊)라고 한다. 내가 홍주순복음교회 주진자 님 댁에서 하룻밤을 보내고, 그 이튿날 주일 예배드리러 가는 날이다. 아침을 먹고 주진자 님에게 말한다.

"오늘은 강사랑 함께 가니, 진자 님도 옷이 단정해야지요. 어디 있는 옷 좀 봅시다. 내가 입는 걸 도와 드릴게요."

그가 옷장 문을 활짝 열면서 말한다.

"옷이 다 오래된 것들이라, 딸들이 전에 사 준 것들인데… 이건 바지 정장 한 벌이네요."

"바지는 좀 그렇고 오늘은 치마를 입으셔요."

그가 열어 놓은 옷장을 보니 거의 다 좋은 옷들이다.

그가 치마를 고른다.

"고급 옷도 많이 있네요. 네 딸들이 옷 많이 사 왔네요."

나는 그가 옷 입는 걸 거든다. 검은 치마, 검은 바탕에 잔잔한 꽃무늬 재킷, 목이 좀 허전해서 보라색 나는 미니 머플러에 검은색 구두.

그날 낮. 여전도회 헌신 예배 때. 그가 속한 여전도회 회원들(10여 명)이 나가서 특송하는데, 주진자 님은 여학교 교장 선생님같이 옷차림이 고상하고 의젓하시다.

교인들도 오늘 주진자 님 멋있다고 하고… 옷차림에 따라 사람의 품격이 달라도 보인다.

'옷이 그녀의 인격을 완성한다'는 말이 있다.

주님의 자녀는 옷이라는 일종의 외모를 초월해서 산다. 그러나 가끔은 여성에게만 주신 아름다움을 누리는 즐거움도 필요하지 않을까 한다.

주진자 님의 승용차

나이 72세면 시골에선 노인 취급 받는데, 홍주교회 주진자 님은 당당하게 승용차를 운전한다. 읍내에 일보러 갈 때, 교회에 예배드리러 갈 때도 승용차 타고 다닌다.

그날 주일날 예배드리러 갈 때도 강사인 나를 태우고 당당하게 간다.

그가 운전을 배우게 된 동기가 있다.

13년 전, 그날도 읍내에서 일을 보고 집으로 가려고 버스를 기다리는데, 눈바람이 세차게 불고 추웠다. 눈바람을 피해서 근처 공중전화 부스 안으로 들어간다. 계속 눈보라는 치고… 주진자 님은 살아온 인생을 돌아다본다. 남편 일찍 보내고 혼자 딸 넷 대학까지 가르치느라고, 나를 위한 삶은 전혀 없었다. 이제 나를 위해서도 살아보자. 그는 결심하고 운전 강습소를 찾았다. 무엇이 운전할 결심을 하게 했을까.

나는 전능하신 하나님의 자녀라는 믿음이, 하나님 자녀인 내가 못할 게 무엇이냐 하면서, 그런 결심을 한 것이리라고 나는 믿는다.

내가 사랑하는 방법 하나

그날 아침, 어느 지방 도시 독자가 입원 중이면서도 스마트폰으로 문자 편지를 보냈다.

> 현대인들이 스마트폰 어플로 많이 읽는 성구.
> 1. 로마서(12:1~2) 2. 빌립보서(4:6~7) 3. 예레미야(29:11)

입원 중의 독자가 보내신 성구를 보고 근심 가득한 얼굴로 아침도 안 먹는 나를 보는 남편에게 내가 설명한다.

"나를 거역하거나 실망시킨 적이 없는 독자예요. 이번에 입원하셨어요. 문병도 못 가 보고 있는데 문자 편지 보냈네요. 나, 글 쓰는 데 참고하라고."

"그럼 10만 원 보내 드리지 그래··· 계좌로 보내든지."

"안 돼요. 돈으로는 안 돼요."

"그럼 다른 방법을 생각해 보든지···."

남편에게는 큰돈인 10만 원을 선뜻 드리라고 한 말에 약간 놀라고 고마워하면서도, 돈 10만 원에 담아질 내 맘 아니라는 생각으로 '안 돼요' 한다. 내, 이 울먹울먹하면서 눈물 글썽이며 앉아 있는 이 맘을 어떤 물질에 담을 것인가. 그가 입원해 있는 먼 지방까지 찾아가는 위문 행위로도 안 된다. 이 마음은 어떻게도 표현하고 전할 방법이 없다.

그래서 주님은 의인(義人)은 믿음(마음)으로 말미암는다고 하셨을까? 어떤 행위나 말보다 물질보다 중요한 건 '마음'이라는 말씀이다. 마음이 넘치면 행위나 말은, 물질은 자연스레 따라오는 지엽적인 것이다. 그것들의 근원은 마음이니까.

"모든 지킬 만한 것 중에 더욱 네 마음을 지키라 생명의 근원이 이에서 남이니라"(잠언 4:23).

먼 곳에 입원해 있는 독자에게 병문안 가는 행위도 못 하고 위로금도 못 보내고, 나는 여기 주저앉아서 아파하고만 있다.

이것도 내 나름대로의 그를 사랑하는 방법이다.

6층 아파트 계단 열아홉 번 오르내리기

어느 날 밤. 예정된 충남 홍주 숙소에서 갑자기 다른 숙소로 바뀐다. 사모님 말씀이, 어느 교인이 강사가 자기 집에서 묵었으면 한다는 청이 있다고 하면서, 내 의향을 물었다. 호기심이 많은 나는 즉시 승낙한다.

다른 곳에서 저녁 들고 그 집으로 갔다. 아담하고 작은 집이나 정리가 잘 되어 있다.

그 댁 여주인 준주 님 말로는 나와 대화하고 싶은 마음을 주셔서, 누구한테 세탁집 물어 급히 이부자리 세탁하고….

그날 나는 사람 많이 만나 피곤한 저녁이지만, 그 댁 부부와 밤 깊도록 이야기 나눈다. 특히 준주 님 남편이 해 준 이야기는 나를 긴장시켰다.

오래전, 형편이 어려워(지금은 안정됨) 남편이 택배 회사 다닐 때 일이다. 어느 날 택배 회사에 쌀 스물여섯 부대가 들어왔다. 20킬로그램 쌀 26부대 전달해야 할 곳은 엘리베이터 없는 6층 아파트. 남편은 차에다 쌀 26부대 싣고 가서, 젊은 나이라 한 손에 한 부대씩 쌀 두 부대를 들고서 6층 아파트 수백 계단을 오르내린다. 나중에는 다리가 떨려서 쉬었다 가지 않으면 걸을 수가 없게 되었다. 이 대목에서 내가 묻는다.

"그때 여주인은 물이라도 한 잔 안 주던가요?"

"안 줘요. 한자리에 서 있기만 하대요… 다 나르고 나서, 이 말만 하고 나왔지요. 다음에는 다른 택배로 부치라고."

준주 님 남편은 그때 무엇을 생각했을까?

26부대 쌀 두 손에 들고 수백 계단을 오르내릴 때, 주님은 그를 주목하셨을 것이다. 그때, 그는 인생의 한 고비, 한 난관을 극복하고 올라서고 있었다.

그 뒤, 그는 예수님을 영접했다. 그러므로 그 여주인이 비정하다는 마음도 거두게 된다. 준주 님 남편을 회심시키는 데, 그 여주인도 쓰임 받은 게 아닌가 하고.

누가 산을 수줍게 만들었나

충남 홍성역에서 내린다. 사모님(홍주순복음교회)과 셋째 따님 내외가 마중 나오셨다. 포근한 초겨울 오후. 승용차 차창 문으로 제법 높은 큰 산이 보인다. 산의 가슴팍 부분이 오목하게 들어간 것 같은데, 그 산이 수줍어하고 있다. 산이 수줍어하는 걸 처음 본다. 나는 아이처럼 말한다.

"어머 저 산이 수줍어하네요. 산이 수줍어하는 걸 처음 보네요."

나는 운전하는 사모님 셋째 사위 옆에 앉아 있다. 그가 내 옆에서 약간 수줍어하니까(?) 나도 수줍어하면서 산을 바라보니까 산도 수줍어한 것일까. 아니다. 산은 지금 붉은 연지를 엷게 찍어서 바른 듯이 살포시 물들어 있다.

우람하고 칙칙한 산도 초겨울에는 어김없이 자신을 겸허하게 내려놓고 수줍어할 수밖에 없다. 산을 만드신 하나님이 겨울을 예고하고 있기에. 겨울을 살아 내려면 나뭇잎을 떨어뜨려야 하고 단풍 들어야 한다. 모든 살아 있는 것들에게 겨울은 온다. 죽음이라는 겨울이 온다.

연가 내고 나 만나러 온 친구

내가 지방 여행 가면서 전주 어느 친구에게 전화한다.

"정읍 순임 님 댁에만 들르고 이번에 전주는 못 들릅니다. 다음에 만나지요."

그런 줄 알고 순임 님 집에서 광주로 해서 영암으로 간다. 그런데, 영암에서 그 친구 전화를 받는다.

"수요일 날 하루 연가를 냈어요. 선생님 만나려고…."

"그러셨어요. 그럼 제가 순임 님에게 전할 게 있어서 정읍으로 다시 가니, 그 집으로 오시겠어요? …그럼 그날 수요일 날 만나요."

수요일 오전 11시. 친구가 연가를 내고 정읍 순임 집으로 오신다. 그날 친구와 종일 동행한다.

그는 내가 많이 만나는 지방 독자 친구다. 나를 만나려는 간절함이 있으니까 내가 많이 만나고, 많이 만나니까 많이 알게 되고 사랑하게 된다. 성경 잠언 말씀이다.

"나를 사랑하는 자들이 나의 사랑을 입으며 나를 간절히 찾는 자가 나를 만날 것이니라"(잠언 8:17).

유 교장 아들 잘 됐어

동생 시모님(94세)이 소천해서, 서울에 있는 우리 형제들이 조문 갔다. 장례식장 입구에는 백향목 같은 훤칠한 청년들(손자들) 여섯 명이 서서 손님을 맞는다.

동생 아들이 외숙부, 이모들, 이모부들에게 인사하러 온다. 벌써 많이 울었는지 눈이 부숭부숭하다. 내 오빠가 동생 아들에게 말한다. "너는 할머니와 각별한 사이였다지?"

외숙부의 말씀에 조카는 울먹울먹하면서 고개를 돌린다.

고인은 저녁 잘 드시고 주무셨는데, 모시고 있는 따님이 아침에 들어가 보니, 돌아가셨더라고. 이런 편안한 죽음은 천명에 한 사람 정도라고 한다.

장례식장에서 돌아온 남편이 말한다.

"유 교장(동생 남편) 아들 잘 됐어."

나는 남편이 '유 교장 아들 잘 됐어' 하는 말을 들으면서, 사람들이 나를 보고도 "하나님 딸 잘 두셨어" 하기를 바라는 마음으로 듣고 있다.

오래전 아버지가 나를 보고 하신 말씀이 생각난다.

"일혜야, 너는 참 하나님 딸이다. 나도 물질에 대한 소유욕이 없다만 너는 나보다 더한다."

당연한 말씀이다. 아버지는 그때 하나님을 모르시고, 나는 '모든 물질은 하나님의 것'이라는 하나님 중심 물질관으로 살고 있었으니까.

"은도 내 것이요 금도 내 것이니라 만군의 여호와의 말이니라"(학개 2:8).

은과 금은 모든 물질을 대표한다.

일상이 예배다

어느 날. 꽃집에 어느 신학대 학생이 들어왔다.

그는 꽃집 박 선생과 대화하는 학생이다.

그날, 그는 꽃 주문하고 나서, 박 선생에게 말한다.

"선생님이 꽃 싸시는 동안 저는 노래를 부를게요."

"그래요. 한번 불러 봐요."

신학생은 차려 자세로 서서 무슨 '가스펠 송'을 부르는데, 아주아주 잘 부른다.

감격한 박 선생이 말한다.

"너무너무 잘 불러요. 내가 사모할 것 같은데…."

어느 날 박 선생이, 찾아온 제자와 점심 먹으러 나가는데, 한 신학대 학생을 만난다.

"어머니, 어머니, 어디 가셔요? 저 지금 꽃 사러 가는데…."

"그래요. 그럼 같이 들어가요."

박 선생은 다시 꽃집으로 들어가서 신학대 학생에게 꽃

을 싸서 준다.

박 선생은 가스펠 부른 대학생이나, 어머니, 어머니 하는 대학생에게도 따뜻한 이웃이 되어, 더불어 함께 살아간다. 이웃을 섬기는 마음으로 대학생의 노래도 들어주고 꽃 사러 오는 대학생이 어머니라고 부르면 어머니도 되어 주면서.

박 선생은 일상에서도 주님이 기뻐하시는 삶을 산다.

그의 '일상이 예배'가 된다.

"오직 선을 행함과 서로 나누어 주기를 잊지 말라 하나님은 이 같은 제사(예배)를 기뻐하시느니라"(히브리서 13:16).

일상에서 하나님이 기뻐하시는 선한 마음으로 살고, 물질로 이웃을 섬기고 나누는 일이 예배라는 말씀이다.

측근이 무섭다

출판사 양 과장님에게서 전화가 온다.

"작가님, 외나로도 조갑숙 님이 전화했어요. 작가님 주소를 가르쳐 달라고… 가르쳐 드릴까요?" "어쩔까, 친구인데… 그래도 안 돼요. 가르쳐 드리지 마세요."

"작가님 존경합니다."

내가 갑숙 님에게 주소 가르쳐 드리지 말라고 하니까, 존경한다고 한다. 전화 끊고 나서 생각한다. 주소 안 가르쳐 준 나를 존경한다고? 내가 친구 간이라 거절이 곤란해서 주소 알려 주라고 했다면, 그가 나를 존경한다고 안 했을 것.

내가 출판사로 원고를 보내면, 얼른 보고 싶어서 이메일에서 본다는 그 과장님. 그는 내 독자이면서 내 책과 관계되는 일로 가끔 나와 통화하면서 내 작가적 면모를 가까이서 보고 있기에, 그는 내게 무서운 사람이다. 먼 데 사람은 안 무섭다. 가까이 있는 측근이 무섭다.

가장 무서운 내 측근은 남편, 다음은 자녀. 주님은 가족보다 더 가까운, 내 안에서 나를 다 보고 계신다.

나는 선생님과 편먹어서 다 좋아

작가로서 내놓고 할 얘기는 좀 아니지만 수필집(41집) 원고 들고 나는 꽃집으로 간다. 내 몇 작품에 대한 독후감을 듣고 참고하려고. 오랜만에 박 선생 동생 여진 님도 오시고.

여진 님은 내게 애정을 가지고 솔직히 조언할 것이다.

점심 후, 몇 작품을 여진 님이 읽는다. '독자의 찬사'는 작가를 오해할 여지가 있다면서 "언니는 어때?" 하고 묻는다.

그때, 박 선생이 약간 떨떠름하니 말한다. "나는 그 글 넣어도 괜찮다고 봐. 나는 선생님(기일혜)과 '편(便)먹어서' 다 좋아. 그러니 여진이 네가 말해 봐."

나는 멈칫한다. 부모가 무조건 자식 편드는 건 자식이 훌륭해서가 아니다. 그 자식 허물도 못남도 부모는 다 사랑하니까 그렇다. 하나님도 사랑하는 당신 자녀인 내 편 되어 주시듯. 박 선생은 나와 '편먹어서' 내 글 무조건 좋다고 한다. 그 무조건 속에 기준이 아주 없는 건 아니다. 더 무섭고 엄한 사랑의 기준이 숨겨져 있다고 본다. 내 작가 혼의 미래까지도 내다보고 보호하는 긴 안목이.

3부

실수가 일을 한다

인명재처의 시대

인명재천(人命在天)이라는 말이 있다.

"사람의 목숨은 하늘에 있다는 뜻으로, 사람이 살고 죽는 것이나, 오래 살고 못 살고 하는 것이 다 하늘에 달려 있어 사람으로서는 어찌할 수 없음을 이르는 말."

그런데 요즘은 인명재천이 아닌 인명재처(人命在妻)의 시대라고 한다. 사람(남편) 목숨은 하늘이 아니고 아내에게 달려 있다는 우스갯말이다. 이 말 속에 요즘 시대상이 잘 나타나고 있다. 그리고 이런 말도 있다.

'아무리 세상이 괜찮다고 해도 집사람이 아니라고 하면 아니고, 아무리 세상이 아니라고 해도 집사람이 괜찮다고 하면 괜찮은 것이다.'

'세상의 빛 소금은 전도가 아니다. 최고의 빛은 아내의 웃음, 승낙, 인정이다.'

하나님은 아내를, 남편을 돕는 배필이라고 하셨다.

큰 자가 작은 자를 돕는다. 그래서 아내를 남편보다 더 뛰어나게 만드셨다고 말씀하는 목사님도 있다.

35세의 미스 독일

2020년 '미스 독일'로 뽑힌 여자는 세 살 아기를 둔 35세의 엄마다.

내면의 미에 중점을 둔 '파격적 다양성의 추구'라는 미인대회 심사 기준에서 뽑힌 여자다.

그녀는 말한다. "아름다움은 품성입니다. 품성은 대부분 삶의 경험으로부터 생기기 때문입니다." 또 말한다.

"35세, 45세, 65세의 여성도 여전히 아름답습니다."

작년 겨울에 제자 딸의 결혼식에 갔다. 내가 제자들 집안 혼사에 다 가는 것은 아니다. 이 제자는 동생의 시누 남편이기에 갔다.

그 결혼식에서 근 50여 년 만에 만난 제자들도 있다. 농촌에서 온 남자 제자들 몇 사람은 늦가을같이 푸근한 초로의 모습. 그 초로의 제자들과 인사 나누는데, 남자 제자 하나가 말한다.

"선생님은 여전히 아름다우십니다."

그가 내 주름진 외모를 보고 말했을까?

나는 속으로만 대답한다.

'예수님 믿고 밝고 따뜻하게, 새롭게 살아서 그런가 봐요.'

(이 이야기는 제 자랑이라고 할까 봐 안 하려다가 한다. 나는 얼마간 푼수인가 보다.)

대구에서 온 목련꽃 소식

대구 사시는 청옥 님 친구가, 청옥 님에게 문자로 보낸 독후감이다.

"'꽃향기만 맡다 가겠습니다.' 이 아름다운 여인(청옥 님)이 내 친구라서, 이 밤 너무 행복해. 친구 잘 만나다 보니, 이 시간 수필집 한 권을 뚝딱 읽는 아주 괜찮은 여인도 돼 보구만… 《내 가난은 내 평안이다》 책 표지가 내 가슴을 두근거려. 너무 아름다워…!"

청옥 님이 이 독후감을 설명한다.

"어제 대구 사는 친구가 책(기일혜 수필집)을 읽고 보낸 소감입니다.

일흔 세 살 할머니의 가슴을 설레게 하는 힘! 그런 작가님의 능력에 저도 공감합니다."

오늘 아침, 두 여인의 글을 읽고, 나는 가슴 두근거리는 소녀가 되어 연애편지 쓰듯 답장을 쓴다. 작가의 편지는 사물이나 사람, 신에게 보내는 사모함에서 쓰는 것 아닐까.

"…청옥 님. 당신 친구의 독후감, 그리고 당신의 글. 이른 아침의 제 가슴을 뛰게 합니다.

'책 표지가 내 가슴을 두근거려. 너무 아름다워…!'

이 문장 하나에 내 겨울은 가고 목련꽃 피는 새봄입니다. …아스라한 환상을 주시는가 하면, 목련꽃 무더기에 얼굴 파묻고 싶은 서러운 열정을 주십니다.

사람에게는 정서가 가장 중요하다는 소설가 친구의 말처럼 아름다운 문장 하나가 내 정서를 이렇게나 흠뻑 적셔 주십니다. 청옥 님은 좋으시겠어요. 아름다운 친구 두셔서…."

또 하나의 겨울 양식

지난번, 광주 박 선생네 주방 식탁에서다.

마실 것 준비한다고 왔다 갔다 하는 박 선생이 입은 티. 내 시선은 연녹색 꽃구름이 흩어져 있는 티로 확 달라진 분위기의 박 선생만 좇고 있다. 맑게 풍성한 연녹색을 보니, 박 선생의 미가 완성되는 느낌이다. 내 가슴이 풍성한 연푸름으로 물들여지면서 따듯한 봄 언덕에 앉아 있는 기분이라, 박 선생에게 말한다.

"이 옷 자네한테 기막히게 어울리네. 이거 아껴서 입소. 자네 아름다움을 맘껏 드러내네. 보는 것만으로도 이리 기분이 좋네. 마음이 보드라워지고 새로워지네."

"…이 옷, 일혜가 한번 입어 봐."

내가 입어 보니, 박 선생이 입었을 때처럼 어울리지 않는다. 박 선생은 안방으로 들어가더니, 같은 모양의 보라색 선홍색 겨울 티를 둘 가지고 나온다. 내가 묻는다.

"똑같은 옷이 왜 이렇게 많아?"

"노 선생이 준 거야."

둘 중 하나는 보라색 꽃구름이 은은하게 흩어져 있고, 하나는 똑같이 선홍색 꽃구름이 흩어져 있는 옷이다. 나는 보라색 무늬진 티가 잘 어울린다. 그러나 박 선생은 선홍색도 어울린다고 하면서 "맘에 들면 자네 다 입어" 해서 둘을 다 가지고 와서, 올겨울 오버나 점퍼 속에다 잘 입고 있다.

새 옷을 안 사 입는 내게는, 겨울 양식 한 가지 장만한 것처럼 든든하다.

색을 다스리는 사람

나이가 많아도, 옷이 많아도 여자는 외출할 때 옷을 고른다. 그때마다 여자는 색(color)의 예술가가 된다. 역사상 가장 우아한 옷을 만들었다는 디자이너 '지방시'의 평생 친구인 오드리 헵번은 말했다. "지방시 옷을 입고 있으면 보호받는 느낌이다. 그의 옷을 입고 있으면 자신감이 생기고 어깨가 펴진다. …그가 만든 옷을 입을 때 비로소 내가 될 수 있었다. 그의 옷은 내 인격을 완성했다."

옷은 여성의 인격을 완성한다는 말을 생각하면서 나는 광주 박 선생이 준 보라색 꽃구름 무늬의 겨울 티를 생각한다. 그 옷을 입으면 내가 편안해지고 보호받는 느낌으로, 자신감도 생기면서 어깨가 펴진다. 정말 내 인격이 완성되는 느낌이다. '옷이 날개'라고 했다. 그 옷 입고 '순결한 아름다움' 있는 곳으로 날아가야지, 죄악이 스며 있는 불결한 곳으로 날아가면 안 된다.

그런데 어제 우중충한 겨울날, 내가 덜 좋아하는 선홍색 겨울 티(광주 박 선생이 주신)를 입고, 꽃집 박 선생 댁에 점심 들러 간다. 점심 후, 차 마시고 앉아 있는데 그가 말한다.

"선생님, 이 옷이 아주 화려한 옷이거든요. 그런데 선생님에게 잘 어울리네요. 전에 입은 보라색도 어울리고… 선생님은 색을 다스려서 그래요."

"내 의식이, 무의식이 색을 다스려서 그럴까요?"

나는 뒤에 생각했다. 내가 색을 다스리는 건 마땅하다. 어디 색뿐인가, 생명도 다스리는데… 세상 만물도 다스리는 주님의 자녀인데. 성경 창세기 1장에서 사람을 만드신 창조주 하나님이 이렇게 말씀하신다.

"하나님이 자기 형상 곧 하나님의 형상대로 사람을 창조하시되 남자와 여자를 창조하시고 하나님이 그들에게 복을 주시며 하나님이 그들에게 이르시되 생육하고 번성하여 땅에 충만하라, 땅을 정복하라, 바다의 물고기와 하늘의 새와 땅에 움직이는 모든 생물을 다스리라 하시니라"(창세기 1:27~28).

내 창의성의 근원

'여성에게서 우아함을 끌어낸' 디자이너 지방시. 그는 "스페인 출신 디자이너 발렌시아가를 만나 교류했다. 독실한 기독교 신자로 순결한 아름다움을 강조했던 발렌시아가와의 만남으로 그는 그의 디자인 세계를 더욱 확장시켰다."

그러니까 지방시 디자인의 창의성은 '독실한 기독교 신자'인 발렌시아가와의 만남에서 더욱 확장, 완성되었다고 본다.

내 문학의 시작도 완성도 성경이다.

성경 말씀이 내 모든 삶의 기준이고 예수님의 사랑이 내 창의성의 원천이라고 말할 수 있다.

성경 말씀과 예수님의 사랑을 품고 사람을 만나면 내가 새사람이 된다. 새사람은 창의성을 가진 사람이다.

내 마음이 예수님 사랑으로 채워지면 '밝게 빛나고 따뜻해지고 새로워지고 헌신하면서' 살게 된다.

나는 부족한 사람이라 예수님 사랑이 가득 안 채워질 때가 더 많지만.

사람들은 왜 웃으라고만 할까

내가 웃고 싶을 때가 있다. 왜 사람들은 아무 때나 웃으라고 하나? 특히 사진 찍을 때 웃으라고 한다. 웃음도 안 나오는데 웃으라고 한다. 나는 그래서 사진 찍기가 싫다.

“사진 잘 나오게 하려면 무조건 웃어야 해.” 이런 조언도 내게는 효과 없다. 나는 사진 찍을 때마다 표정이 어색해진다. 웃고 싶지 않은데 웃으라고 하니까 어정쩡한 표정이다. 세상 구경 다니면서, 맛있는 것 먹고 신기한 것 보면서 즐겁게 웃고 사는 게 ‘사는 재미’라고 한다. 나는 사람과 깊이 만나야만 웃음이 터지고 감탄하고 눈이 반짝여지면서 즐거워진다. 여럿이 모여서 세상 얘기할 때는 움츠러든다.

남편 친구들과 부부 동반 해외여행도 나는 언제나 빠진다. 남편은 혼자서도 잘 다닌다. 내가 없는 게 편하다고 한다. 속없는 아이 같은 나를 데리고 가면, 남이 웃을 때 안 웃고, 안 웃을 때 웃고, 과잉 친절하고. 상식으로 다루기 곤란한 아내. 남편은 ‘나나 되니까 참아 준다’고 한다.

인생을 읽어 주는 사람

어린 자녀는 부모의 마음을 잘 알 수가 없다. 그래서 섭섭하고 답답한 어머니는 '너도 자식 낳아 봐라, 늙어 봐라' 한다. 친정아버지 모시고 살던 어느 분 얘기다. 아버지가 남동생 집으로 갔는데, 한 달도 못 되어 남동생이 누나에게 하소연한다.

"누나, 아내 눈치만 보이고 너무 힘들어. 이제야 누나 고생한 것 알겠어." 누나가 말한다. "나는 2년 동안이나 매형 눈치 보고 바짝 엎드러져서 살았다."

사람의 마음은 그 사람 입장이 되어 살아 봐야 안다지만, 사람을 만드신 하나님 마음은 어떻게 알 수 있을까.

어느 목사님은 '나는 하나님을 읽어 주는 사람'이라고 한다. 영성이 뛰어난 사람이 성경을 배워서 가르쳐 줄 수 있다. 그리고 또 성령님이 우리에게 예수님 말씀을 생각나게 해서 직접 가르쳐 주시기도 한다.

나는 인생을 깊고 풍부하게 살아서 사람들에게 '인생을 읽어 주는 사람'이 되고 싶다.

큰아들의 분노

성경 누가복음 15장에 나오는 탕자 이야기가 있다.

이 이야기를 인간이 쓴 가장 우수한 단편이라고 말한 이도 있다. 아버지의 유산을 탕진하고 돌아온 동생을 환대하는 아버지를 보고 들에 나가 일하고 돌아온 큰아들은 분노한다. 분노하는 큰아들을 달래는 아버지 말씀을 들어 본다.

> "그가(큰아들) 노하여 들어가고자 하지 아니하거늘 아버지가 나와서 권한대(들어가자고) 아버지께 대답하여 이르되 내가(큰아들) 여러 해 아버지를 섬겨 명을 어김이 없거늘 내게는 염소 새끼라도 주어 나와 내 벗으로 즐기게 하신 일이 없더니 아버지의 살림을 창녀들과 함께 삼켜 버린 이 아들(동생)이 돌아오매 이를 위하여 살진 송아지를 잡으셨나이다 아버지가 이르되 얘 너는 항상 나와 함께 있으니 내 것이 다 네 것이로되 이 네 동생(탕자)은 죽었다가 살아났으며 내가 잃었다가 얻었기로 우리가 즐거워하고 기뻐하는 것이 마땅하다 하니라"(누가복음 15:28~32).

부흥과 선교의 시대를 지나온 한국 교회는 이제 '큰아들의 일상'을 잘 살아야 한다고 한다. 일상이 예배가 되어야 한다고. 나가서 전도하고 봉사하는 것도 중요하지만, 반복되는 아무것도 아닌 것 같은, 매일매일의 사소한 일상을 주님께 예배드리는 마음으로 잘 살아야 한다는 말씀이다.

큰아들처럼 반복되는 일상을 불평불만하지 말고, 예수님처럼 잠잠하게 살아야 한다. 그렇게 사는 삶이 바로 하나님 자녀의 삶이라고. 이런 삶이 '하나님의 창조 세계를 다스리는, 하나님의 통치에 참여하는 일'이라고 한다.

나는 다 있다!

외출하면서 남편에게 "다녀오겠습니다" 하고, 운동화를 신으면서 계속해서 큰소리로 말한다. 남편 들으라고.

"나는 오늘 다 있다! 만나러 갈 사람 있고, 지갑에 돈도 있고(만 몇천 원), 독자도 있고, 내 안에 예수님도 있고! 그리고 주머니엔 남편이 준 사탕 두 알도 있고, 그래서 행복하다…!"

남편은 아무런 대꾸도 하지 않는다.

내가 왜 이렇게 유치하게 큰소리를 쳤을까. 막 외출하려는데 문자 편지가 와서 보니, 어느 독자가 내 수필집(40집) 읽고 보낸 독후감이다. 바빠서 첫머리만 읽는다.

"작가님 책을 읽으면 항상 작가님은 이 세상 사람 아닌 것 같아요…."

이 구절 읽고 기분 좋아서 '나는 다 있다!'고 큰소리 친 것. 그러나 성도의 본향은 천국이기에 '성도는 다 이 세상 사람 아닌 천국 사람.' 그러므로 내가 '작가님 책 읽으면 항상 이 세상 사람 아닌 것 같다'는 독자 글에 기고만장할 필요 조금도 없다. 성도는 다 이 세상 사람 아니니까.

내 완벽감은 내 자존심인가

어느 날 아침이다. 외출하는데, 약속 장소가 멀다.

지하철 7호선에서 4호선으로 환승해서 인덕원역에서 내려, 다시 버스 타고 민백마을에 내려 근처 찻집으로 가야 한다. 한 시간으로는 빠듯하다. 현관문을 닫고 가면서 약속 시간보다 늦을 것 같아 불안해진다.

약속 시간보다 한 10여 분 먼저 가 있어야 안심이 된다. 빠듯하게 가면 가는 동안 내내 불안하다. 소심한 완벽감 때문이다. 이런 완벽감은 사정없이 버려야 한다.

'살다 보면 늦을 수도 있는 거지… 이젠 몇 분 늦어도 상대에게 전화 안 할 거야.'

나는 심호흡하면서 주님께 맡기고 느긋하게 가고 있다. 남한테 욕도 얻어먹고 비난도 달게 받고 무슨 일에든지 주님 앞장세우고 따라가면 된다.

시간도 주님께 맡기고 가니, 약속 시간 15분 전에 찻집에 도착한다. 내 시간 하나님께 맡기고 따라가니, 시간도 절약되고, 불안으로 심신이 낭비되지도 않는다.

실수가 일을 한다

이번 책(40집)《내 가난은 내 평안이다》는 성탄절 안에 나왔다. 출판사에서 인쇄소 제본소에 독촉해서 성탄절 안에 나오게 됐다고 한다. 그래서 친구들 지인들에게 성탄 선물로 드리고, 성탄 전날은 어느 개척 교회 전도사님 만나 책을 드리기로 했다. 그러나 갑자기 내 집안에 일이 생기고 몸도 안 좋아서, 그날은 못 만나고 다음에 우편으로 부치겠다고, 주소만 문자로 받아 둔다.

그런데 그날 아침 일찍 그 전도사님에게서 전화가 온다.

"…집 주소가 101동 1801호인데 1802호라고 잘못 썼어요. 일찍 가서 부치실까 봐 전화했어요…. 실은 그 책, 내일 성탄 예배에 나온 교인들에게 선물하려고 했어요. 작가님 댁으로 가서 가져올까도 했지만 폐가 될까 봐, 편하신 대로 우편으로 보내시라고 주소 보냈어요."

내 책을 내일 교회 성탄 선물용으로 쓰려 했다는 말씀에 몸과 마음이 번쩍 살아난다.

'우편으로 보내면 내일 성탄 예배에 나온 교인들이 선물

못 받는다.'

그렇게 할 수는 없다. 나는 곧 책(25권)을 메고 들고, 그와 약속한 민백마을 근처 찻집으로 간다. 몸 아픈 것도 어디로 달아나고, 어디서 힘이 나는지, 나도 모를 힘으로 달리듯이 간다.

그 전도사님이 자기 주소 바르게 썼다면 교인들이 내일 성탄 선물 받았겠는가. 그가 주소 틀리게 쓰고, 전화하는 바람에 교인들이 성탄 선물을 받게 된다.

그의 실수가 일을 한 것이다.

내 친구의 소원 하나

11월 1일 어느 젊은 친구에게서 문자 편지가 온다.

"저에게는 눈부시게 찬란한 10월이었습니다.

풍성한 수확의 기쁨과 행복을 누리라고 겨울을 품은 11월이 선물로 왔네요.

모두에게 평안을 기도합니다.

선생님 저는 이 일(요양 보호사)이 좋구요. 70대에도 80대에도 건강해서 누군가를 돕고 살고 싶구요… 진한 감동을 줄 수 있는, 살아 있는 얘기를 선생님께 전해 드리고픈 소원이 있어요. 그 소원을 주님 손에 올려 드립니다…."

"가장 위대한 일 하시는 당신. 생명 돌보고 살리는 일보다 더 위대한 일이 있을까요?

'주님 손에 올려 드린다는 그 당신의 소원.'

제가 받을 수 있을까요?

한없이 두려울 뿐입니다."

우리 냉장고 털어서 먹어요

어느 친구가 자기 집에 오라고 하면서 하는 말이다.

"선생님 우리 오늘 냉장고 털어서 먹어요."

요즈음은 이런 말 형제에게도 잘 못 하는데 내게 하다니, 나를 아주 허물없는 친구로 여기는구나. 고맙다.

그래도 친구 집에 곰탕이라도 한 그릇 사 가지고 갈까, 하다가 그냥 간다. 조촐한 식탁이 좋아서.

그날 점심상은, 친구가 엊그제 오빠 생신에 갔을 때, 올케언니가 준 반찬이라면서 내놓는데 진수성찬이다.

라면 한 그릇도 좋은데, 너무 많다. 음식이 많으면 내 정신이 탁해진다. 조촐하니 적어야 맑은 정신이 된다.

죽순나물 북어튀김 굴비조림 명이김치. 점심 후, 나른해진다. 잘 먹으면 육신적이 되고, 못 먹으면 정신적이 되는나. 왜 그렇게 되는지는 모르겠지만 소식하는 학은 천 년을 산다고 하니, 진수성찬은 육체에도 별로 좋지 않은 것 같다. 육체도 못 먹이고 거칠게 대해야 강해지는가.

그날 진수성찬은 내게 '생각'을 못하게 했다.

하루에 세 번 간 친구네 집

구자현(87세) 시인이 보낸 편지에 동봉해서 보낸 글들이 많다. 그중에 있는 어느 소설가의 글을 읽다 감동해서, 이웃 박 선생에게 달려간다.

아침 8시 반쯤이다.

"박 선생 이거 좀 보세요. 이 글이 하도 감동적이라 좀 읽어 보시라고."

그는 속독이라 금방 반쯤을 읽어 낸다.

"글이 깊네요… 차 한잔하고 가셔요."

거절하고, 나는 집으로 와서 아침 들고, 다시 박 선생 집으로 간다.

그 댁에 손님 오셔서, 집으로 돌아왔다가 오후에 다시 간다.

그날, 박 선생 집에서 저녁 8시쯤 돌아온다.

그날 그 댁에 세 번 갔다. 내가 감동한 글, 그와 공감하고 싶어서. 구세주 예수님 만나고도 나는 이렇게 누구와 공감하려고 급히 달려가지 않았다.

요한복음에 나오는 수가성 여자는 예수님 만나자, 물동이를 내팽개치고 동네 사람들에게 알리러 갔다.

"여자가 물동이를 버려 두고 동네로 들어가서 사람들에게 이르되 내가 행한 모든 일을 내게 말한 사람을 와서 보라 이는 그리스도가 아니냐 하니 그들이 동네에서 나와 예수께로 오더라"(요한복음 4:28~30).

물 뜨러 간 사마리아 여자가 물동이를 버려 두고 예수님 만난 기쁨을 동네 사람들에게 전하러 달려간다. 육신의 목마름보다 영혼의 목마름이 더한 여인이다.

다사다복한 하루

남편의 정기 검진 날이다. 8시까지 S병원에 가서 진료받고, 출판사에 가서 편집실장님과 충무로에 있는 인쇄소에 들르고, 차 마시고 밤이 되어 집으로 왔다.

그날은 쓰레기 버리는 날, 남편이 쓰레기봉투를 들고서 종류대로 버리고 있다.

밤에 쓰레기 버리는 머리가 하얀 남편.

"아아 당신이구나."

남편과 같이 쓰레기 버리고 집으로 들어간다.

그리고 남편에게 오늘 있었던 일 중에서 인상 깊었던 일 한 가지를 얘기한다.

"오늘 마트에서 이것저것 사고 보니, 돈이 4만 얼마가 나와요. 내가 무심코 '어머나 남편한테 야단맞겠네' 했더니, 마트 여자가 한심하다는 듯이 물어요.

'아직도 남편한테 돈 타서 쓰세요?'

그 얘기를 동행한 장 선생에게 했더니, 장 선생 친구들이 이런대요. '남편이 맡긴 돈 쪼개서 쓰느라 골치 아픈 것보다 남편한테 타서 쓰는 게 훨씬 더 편해.'"

내가 오늘 돈 많이 쓰고, 남편에게 변명 비슷한 너스레가 끝나자 남편이 한마디 한다.

"오늘 가지고 간 카드하고 영수증 내놓지."

"그래요. 근데 영수증이 3개나 되네요. 너무 많이 써서 미안해요. 다 책 내는 데 써서…."

"쓸 데다 썼겠지."

내 방으로 와서, 자리에 누워도 잠이 안 온다. 오늘 만난 사람들 한 분 한 분 생각이 나고.

나는 오늘 장소(병원 포함)를 여섯 번 바꿔 가면서 열네 사람이나 만났다. 다사다복(多事多福)한 하루가 아닌가. 다사다난(多事多難)한 하루는 결국 다사다복한 하루다.

어려운 일들이, 결국은 나를 키워 내는 양식이 되니까.

사부인과 친하게 지내기

아들이 결혼한 후로 지금까지 연말이면 사돈 내외분의 초대를 받는다. 20년도 넘게 받기만 하고 있다. 나는 답례로 내 책 10권을 신문지에 싸서 가지고 간다.

어제도 융숭한 점심 대접받고, 내가 말씀드린다.

"…저희는 사돈 내외분에게 답례도 못하고 있습니다… 그냥 이렇게 온전히 받기로 했습니다."

사부인이 내 말에 얼른 답하신다.

"전혀 부담 갖지 마세요. 이렇게 하나님 일 하시는 사부인이 우리는 자랑스럽기만 합니다."

나는 사돈에게서 20년 이상 대접만 받아도 편안하다. 어떤 이들은 체면 안 서고 자존심 상한다고 할지도 모른다. 사돈 내외분도 예수님 믿는 분들이고 우리 부부를 잘 이해하시니, 내가 자존심 체면 안 내세워도 된다.

나는 며느리 신혼 때 사돈댁에서 안 쓰는 그릇도 갖다가 썼다. 그래도 자존심 안 상했다. 창피하지도 않고.

어느 일본인 교사의 안목

영암에서 나주역으로 가는 차 안에서 조 선생님이 들려주신 이야기다. 최기홍 선생이 운전하는 차 안. 뒷자리에 앉은 조 선생님은 옆에 앉은 내게 얘기하신다.

"…기홍(조 선생님 이질)이 당숙(?) 되는 최○○ 선생이라고 있었는데, 참 인물이요. 일화가 있소. 그 최 선생이 영암초등학교 6학년 반장인데 도난 사건이 발생했어요. 훔친 학생을 못 찾자, 혹독한 일본인 교사는 학생들 전원을 책상 위에 무릎 꿇리고 전원에게 매질을 하겠다고 했소. 이때, 반장인 그 최 선생이 일어났어요. '내가 훔쳤다고.' 그러자, 훔쳐 간 학생이 나왔어요. 그때, 일본인 교사가 한 말이 있소.

'너희들 오늘부로 다 졸업이다!'"

누명을 자처하는 반장이나 그것을 보고 자백하는 학생, 긴장 속에 지켜보는 반 학생들 태도, 이 모두를 다 훌륭하게 보고, 이만하면 6학년 졸업할 자격 있다고 '너희들 오늘부로 다 졸업이다' 하고 교실을 나가지 않았을까.

혹독하나 교육자적 안목이 있는 일본인 교사다.

사명을 다한 옷

포항에서 어느 분이 옷 가게 하고, 남은 옷 중에서 하나 고르라고 해서, 고른 옷이다. 흑진주처럼 검은 바탕에 흰 작약이 수놓아진, 긴 기장에 프릴 달린 블라우스. 그걸 가지고 고흥 외나로도로 갔다. 동행한 김 사모에게 보인다.

"이 블라우스 프릴만 뗐으면 해요. 이 옷 누구 줘도 좋고…." "선생님, 이 검은색과 분위기가 선생님 취향에 맞아요. 제가 한번 고쳐 볼게요."

그 뒤, 얼마 있다가 전주 김 사모에게서 전화가 온다.

"선생님. 날씨도 더운데, 그 옷 입으셔야지, 하고 수선소에 갔더니, 그 프릴 떼 버리면 안 된대요. 그걸 떼면 또 손 봐야 하고 또 줄이게 되고, 그러다 보면 옷이 망가진대요."

"그 옷은 사명을 다했어요. 안 입어도 돼요. 사모님이 선뜻 '제가 고쳐 드릴게요' 할 때, 제게 보내는 사모님 마음을 봤어요. 요즘에 누가 선뜻 남의 옷 수선해서 소포로 보내겠다고 합니까? 그 귀찮은 일 자원해서 맡아 가시다니, 제 일을 내 일처럼 여기는 사모님 맘을 봤어요. 그럼 됐어요."

정미 님께 드리는 크리스마스 선물

12월 22일 아침. 정미 님에게서 전화가 온다.

"연말이 되니, 선생님 생각이 나서 전화했습니다…."

전화 주고받다가, 오늘 오후 5시 지하철 5호선 송정역에서 만나기로 한다.

정미 님에겐 내가 고마워할 일이 있다. 내가 몇 년 전 일본 다녀와서 정미 님과 통화하게 되었다.

나는 내 숙소 김 선교사님 부부가 어려운 상황에서도 일본 선교하는 모습에서 많은 걸 배우고 왔다고 말했다. 그 뒤, 정미 님은 일본 요코하마 그 선교사님 댁으로 몇 번 선물을 보내 드렸다.

외국으로 선물 보낸다는 것, 쉬운 일 아니다.

나는 오늘 선약이 있어서, 오후 두 시에 광명시 친구 만나고, 송정역으로 정미 님 만나러 간다.

그를 만나서 근처 찻집으로 들어가서 생강차를 시킨다. 내 식(食)기도가 좀 길다. 기도 끝나고 정미님께 묻는다.

"정미 님, 내가 지금 무슨 기도한 줄 아셔요? …은임이 언니 만나게 해 주시라고 기도했어요."

정미 님은 웃으면서 대답한다.

"은임이 언니가 언제부터 한번 오라고 했는데 못 가고 있어요. 저도 만나고 싶어요."

은임 언니는 강경에서 사는데, 내가 정미 님으로부터 그 분 애기 전해 듣고 꼭 보고 싶어지는 분이다. 그날도 생강차를 기다리면서 은임 언니 안부부터 묻는다.

나는 정미 님에게 책 일곱 권 드리고, 뭐 드릴 게 없나 하다가 배낭에서 단호박전을 꺼낸다.

"부침개 좋아하세요? 친구가 금방 부쳐서 준 단호박 부침개예요." "네 좋아해요. 애들도 잘 먹어요."

오랜만에 내가 크리스마스 선물이라고 드린 책 일곱 권과 함께 드린 단호박전도 정미 님은 잘 받아 주신다.

그는 오늘 내게 '주는 기쁨'이라는 지고의 선물을 듬뿍 안겨 주신다.

방울토마토 안 먹기로 했네

마트에 다녀온 남편에게 내가 하는 말이다.

"방울토마토 안 샀어요?" "비싸서 살 수가 있어야지. 그래서 안 샀어." "얼만데요?" "한 팩에 4,950원."

"그래요 잘했어요. 비싸면 안 먹으면 돼요."

비싸면 안 먹고, 싸면 사 먹고. 죽으라면 죽고 살라고 하면 살고… 주님이 주시는 삶에 순응하면서 산다.

일산 최영숙 님 댁에서 흰 꽃이 피는 야생 나뭇가지 몇 개를 꺾어 왔다. 물에 담가 놓으면 뿌리가 난다기에. 한 달 넘어도 뿌리가 안 나와, 버리려고 다용도실 구석에 놔두고 잊었다. 몇 달 뒤. 그 나뭇가지에 아기 이같이 하얀 뿌리가 나와 있다.

우리에게 자유 의지가 있듯이 나무가 죽은 것같이 보여도 놀라운 자생력이 있다. 우리의 몸도 자생력을 길러야 한다. 건강식 영양식 하면서 음식물에만 너무 의존하지 말고.

돌자갈밭에서 자란 고들빼기, 기름진 땅에서 자란 것보다 뿌리가 몇 배나 크고 튼실하다.

일자리 못 구한 독자에게

책(40집)이 나와서 내 책을 누구보다도 사모하는 독자에게 문자 보낸다.

"밤, 늦었는데, 책이 나와서… 그대 글도 두 편 실려 있어요. 언제 만나면 드리지요."

"네… 내일이라도 갈 수 있는데 작가님 시간이 좋으신 대로. 제가 남성역으로 가겠습니다."

"몇 시쯤(내일)? 좋으신 시간 말씀하시면 그 시간 맞춰 제가 나가지요." "네 오후 2시에 가면 될까요?"

"좋습니다. 그런데 금요일 오후, 주중인데 출근 안 하셔요?"

"네 아직 놀고 있어요. 아직 일자리를 못 구했어요."

"별걸 다 묻고… 용서하세요."

"아니요 괜찮습니다. 저는 작가님이 너무 편해서 제 모든 것을 보여 주어도 괜찮습니다. …다 고백(?)했잖아요."

"고맙습니다… 저도 그래요…."

진심은 통한다고 하지만

어제, 나 만나고 가신, 일자리 못 구한 그 독자가 문자 편지 보냈다. 나는 당황한다. '내 남편 인품이 고결하다고?'

내가 당황한 독자의 문자 편지 그대로 옮긴다. 이 글 보고 내가 당황 안 하겠는가. "…작가님 이제 책 읽을게요. 독후감도 보내고 그럴게요. 그래도 저한테 책을 읽을 수 있는 행복을 주셔서 감사해요. 저는 무재주이거든요…. 작가님 항상 건강하시고 선생님(내 남편)께서도 강건하시기를 기도합니다. 최고의 인격자이신 분(남편), 저는 처음부터 반했어요. 인품이 고결하시고 그러면서 감성도 풍부하시고."

어제, 이 독자 만나서, 차나 한잔하고 오겠다고 하니 남편이 말한다. "이 추운 날, 따뜻한 점심 사 드리고 오소. 내 동네에 오시면 잘 대접해서 보내야지."

남편 말대로 음식점에 가서, 독자에게 이른 저녁 따뜻이 대접해서 보내 드렸다. 독자는 이런 '나보다 나은' 남편의 마음을 아는 듯이 썼다. 진심은 통한다고 하는데, 남편의 마음이 그 독자에게 전해졌나 보다.

영육간에 어여쁜 여환 님께

내가 처음 신앙생활한 교회에서 처음으로 구역장 일을 맡았을 때, 그 구역 식구인 여환 님이 어제 전화했다. 이 더운 날 잘 있느냐고, 한번 만나 보고 싶다고. 이튿날 그를 만났다. "…구역장님(기일혜) 제가 아플 때, 집에 와서 기도해 주시고… 제가 그때 많이 아팠어요."

많이 아픈 그를 두고 밤에 근심하면서 동네 골목을 오간 기억이 있다. 그는 이런 말도 한다. "…지하철은 싫어요. 버스를 타면 하늘도 나무도 꽃도 보면서 갈 수 있잖아요… 그 친구는 잘 있어요? …우리랑 같이 구역 예배 드렸잖아요. 구역장님 집에 오던 그 친구." "아아 그 친구요, 기억도 잘 하시네. 잘 있어요. 그때는 친구가 마음이 아파서 우리 집에 많이 왔지요…." 내 처음 사랑을 쏟아서 섬겼던 구역 식구 여환 님. 대화해 보니, 구원관도 확실하고 아내나 어머니 역할도 잘하고 있다. '영육간에 어여쁘시다.'

영육간에 어여쁘기는 참 어려운데, 고맙다.

그가 신앙생활하는 교회 성 목사님께도 감사드린다.

세상에서 제일 좋은 사람

정죽 님의 '동생 같은' 박갑임 님. 그의 이름을 허락 없이 내 글에 실명으로 썼다.

누군가의 이름을 내 글에 실명으로 쓰려면 본인의 허락을 받는데, 정죽 님을 너무 믿다 보니, 그가 사랑하는 동생 같은 박갑임 님을 믿고 그의 이름도 허락 없이 인용했다.

책이 나오고 정죽 님 댁에 책 갖고 가려고 전화 드릴 때에야 생각이 나서, 걱정하는 내게 정죽 님은 선뜻, 그러나 단호하게 말씀하신다.

"괜찮아! 그 사람은 이 세상에서 제일 좋은 사람이야."

사람 보는 안목이 정확하신 정죽 님이 망설이지도 않고 그렇게 단언하시다니! 세상에서 제일 좋은 사람이라는, 광주에 사신다는 그 갑임 님이 나는 만나고 싶어진다. 그러나 그는 직장 여성이라 아무 때나 가서 만날 수는 없다.

그를 만나면 먼저 무례했던 나를 용서해 주시라고 하고, '세상에서 제일 좋은 사람' 갑임 님의 친구가 되었으면 한다.

따뜻한 인사는 사람의 생각도 바꾼다

식당에다 볼펜을 두고 와서 다시 가, 찾아 가지고 나온다. 동네 요구르트 아줌마가 내 팔을 붙잡는다. “이것 좀 사 줘요. 이거 지금 팔러 다녀요.” 잠시 망설인다. 집에서 만들어 먹기 때문이다. 그래도 이 더운 여름날, 안 팔려서 사정하는데. “얼마예요?” “5천 원이요.” 큰돈이다 하면서 돈을 꺼내는데 그가 뜬금없는 말을 한다. “전에는 가끔 사 주시더니….” 요새는 안 사 준다는 말이다. 우리 아파트에 드나드는 그에게서 나는 요구르트 산 적이 없다. 못 사 주는 미안함에서 인사는 공손히 했지만. 다시 강조한다.

“나는 한 번도 당신한테 요구르트 산 적이 없는데요. 집에서 만들어 먹기에 안 샀다니까요.” “분명히 사 주셨는데….”

내가 사 줬다고 우기는 요구르트 아주머니를 뒤로하고 가면서 생각한다. 아아아 내가 따뜻하게 인사할 때마다 그는 자기 요구르트를 사 준다고 생각하는구나… 내 인사는 요구르트 사 준다는 착각까지 하게 하는가.

따뜻한 인사는 사람의 생각을 바꾸는 힘이 있는 것인가.

천년을 간다는 나무 꽃병

어느 소설가가 이름난 장인(匠人)에게서 선물 받은 나무 화병에 대한 이야기를 요약해서 옮긴다.

> 몇십 년 된 나무가 어느 날 무참히 베어져서 열 토막이 난다. "그런데 이 나무의 참경(慘景)은 여기서 그치지 않습니다. 장인은 이 열 토막 난 나무토막들을 시궁창에 처박습니다. …(생략)… 삼 년이 지나면 장인은 그것들을 건져 올리지요. 하나 열에 아홉은 대개 참으로 썩어 버리고 요행히도 한 토막 건질 수 있다면, 그 어떤 금덩어리와도 바꾸지 않는 보석이 되는 것입니다.
> 건져 낸 나무토막을 이제 처마 밑 그늘에서 말립니다. 그것도 석 달 열흘. 이렇게 마른 나무토막은 이제 돌덩어리보다 더 단단하고, 종이보다 가볍고, 천 년을 두어도 다시는 썩지 않는 재질로 바뀐답니다.

나무 한 토막이 천 년을 가는 꽃병으로 만들어지려면 오랜 고통의 세월을 지나야, 길고 긴 인고의 세월을 지나야 '새로운 존재'로 태어난다고 한다.

나무 한 조각도 천년을 장생(長生)한다는데, 사람이 어찌 영생하지 않겠는가. 그러나 사람이 죽어 영생하는 데, 그렇게 혹독한 오랜 세월이 필요할까.

생명이요 부활이신 예수님. 마음으로 믿으면 된다.

내 죄를 대신해서 죽으신 예수님 믿으면 영생(永生)한다는 요한복음의 말씀이 있다.

"하나님이 세상을 이처럼 사랑하사 독생자를 주셨으니 이는 그를 믿는 자마다 멸망하지 않고 영생을 얻게 하려 하심이라"(요한복음 3:16).

갑절의 책임이 따를 때

오후 네 시, 좀 늦은 시각에 평촌에서 사는 어느 친지가 오셨다. 내게 문자로는 다 전할 수 없는 독후감이 있어서, 직접 육성으로 전해 주고 싶다고.

"…그 전도사님을 30일 날 만났어요… 《내 가난은 내 평안이다》를 보더니, 제목도 자세히 안 보고 대강 시선만 보내면서 하는 말이(아마 그동안 죽 이 책을 보고 가졌던 생각 같아요),

'이분은, 사람 사랑할려고 어쩔 줄 몰라 하는 사람 같아요.

어떻게 하면 저 사람을 사랑할 수 있을까… 뭔 사랑을 그렇게 해요. 첨 봤어요…. 몸도 약하드만, 뭐 하나 있으면 누구 주려고 메고 지고, 책 내용이 몽땅 그렇드만….'"

"내게 지금까지 이렇게 쉬운 말로 나를 분명하게 말해 준 사람 없었는데, 책 나온 지 25년 만에 처음 듣는 말이네요. 언젠가 내게서 곤드레 받아 간 친구가 말했어요. 그날, 멀리서 보니까, 내가 곤드레 메고 들고 기뻐서 날아오더래요. '저 마음 안 받아 가면 안 되겠구나' 하고 자기에겐 너무 많아도 다 받아 갔대요."

"그게 사랑 아니겠어요?"

"그분은 그때 소화 불량으로 고생하는데, 곤드레밥만 먹으면 괜찮대요. 그래서 어떻게든, 많이만 드리고 싶었지요…. 사랑은 가장 슬플 때가, 내가 드리는 사랑을 거절당할 때'라고 하잖아요. 그날, 거절 않고 곤드레 다 받아 간 친구가 고마웠어요."

오후 늦은 시각에 그 독후감을 생생하게 전해 주려고 멀리서 달려오신 그 친지. 내게 기쁜 소식을 그대로 전해 주려고, 의왕시에서 사당동까지 오시다니.

같이 저녁을 들고, 지하철로 가는 그를 배웅하고 나는 집으로 향한다. 누군가가 나를 인정할 때는 그에게 전보다 갑절의 책임이 따른다는 무거운 맘으로.

내 마음에 새겨진 푸른 나무 두 그루

광주 송 목사님(81세)이 오랜만에 하신 전화. 전화 목소리를 들으니 건강하시다. 몸이 약한 그가 정양하러 간 어느 동산에서 〈부엉이 인생〉이란 시를 보내신 적도 있다.

이 구절이 남아 있다.

> 캄캄한 밤 / 고요 속에 / 부엉이가 / 운다
> 主여, 主여 / 같은 음절로 / 구슬프게
> 인생 부엉이가 / 운다

건강을 회복하신 그를 반가워하면서 그 댁 거실에서 본 싱싱한 나무 두 그루 안부부터 묻는다. 그 댁에서 7, 8년 전에 봤지만 내게는 지금도 생생하게 살아 있어서.

"지금도 그 거실 TV 옆에 있던 싱싱한 나무 둘은 잘 있어요?"

"아니요. 다른 것으로 바꿨지요. 한 3, 4년 지나면 바꿔줘야 해요. 싱싱한 걸로."

“아아 그래요. 그렇게 정성을 들여서 키우시군요. 저는 잘 몰랐거든요.”

한 번 심어 놓고 거름만 주면 되는 줄 알고 있는 나. 그 댁 나무가 싱싱한 원인을 알았다.

우리 집 금산죽은 친구가 준 거라 잘 키우려고 하는데 죽어 가고 있다. 한 10년째 분갈이 않고(워낙 커서) 녹두알 같은 거름만 봄가을로 주고 있으니, 잘 자라겠는가.

“나무는 인간의 자원이 아니라 함께 살아갈 생명체”라는 말이 있다. 나무는 우리와 함께 살아갈 피조물이다. 성경 로마서의 말씀이다.

“피조물이 고대하는 바는 하나님의 아들들이 나타나는 것이니 피조물이 허무한 데 굴복하는 것은 자기 뜻이 아니요 오직 굴복하게 하시는 이로 말미암음이라 그 바라는 것은 피조물도 썩어짐의 종노릇한 데서 해방되어 하나님의 자녀들의 영광의 자유에 이르는 것이니라 피조물이 다 이제까지 함께 탄식하며 함께 고통을 겪고 있는 것을 우리가 아느니라”(로마서 8:19~22).

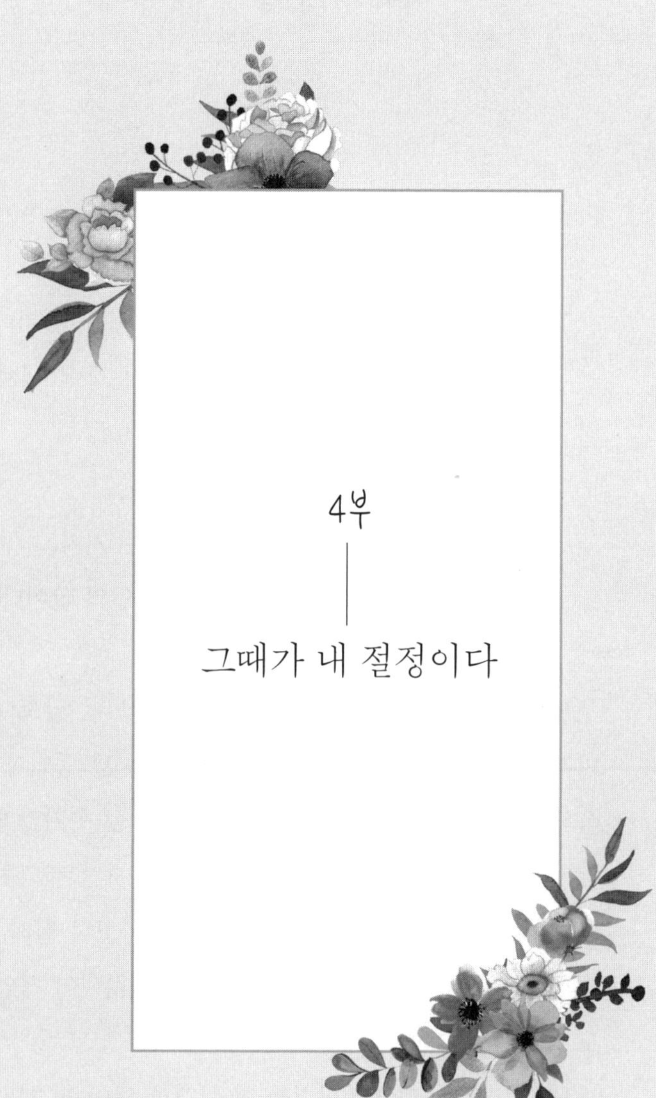

4부

그때가 내 절정이다

나에겐 문장이 있기에

“없으면 없는 대로 산다. 나에겐 문장(文章)이 있기에….”

“문장이 하나의 세계를 대변하고, 한 문장에 세계가 담길 수도 있다. 그 광활한 의미를 시로 옮긴다.”

“한 달에 10만 원으로 생활한 적도 있다.”

“두렵지는 않다. 없으면 없는 대로 사는 거지(나에겐 문장이 있기에).”《한 문장》이란 시집을 낸 어느 시인의 말이다.

몇 년 전까지, 나는 1년에 책을 한 권 냈다. 글보다 삶이 먼저였다고나 할까. 1년 내내 놀다가 한두 달 동안에 썼다. 올해는 책 3권을 냈다. 문장 만드는 일이 삶 못지않게 즐거웠기 때문이다. 사람 만나고 집안일하는 시간 제외하면 거의 글을 쓴다. 글 쓰는 맛을 이제야 알았다고나 할까.

한 문장 속에 한 인생 우주 창조주를 담는 이 작업이 나도 가장 즐겁다.

내가 만난 사람의 이야기를 한 문장에 담아 넣으면서, 나는 내 방법으로 글을 쓰고 있다.

효정이와 나

질녀 효정의 초청으로 2019년 봄에 중국 소주에 가고, 가을에 또 효정이가 이사 간 청도에 갔다.

효정 남편 하 서방은 "언제라도 오십시오. 환영합니다" 하고, 효정은 "내년 봄에 따뜻할 때 또 오세요" 한다.

효정은 친정 식구뿐 아니라 시댁 조카들까지도 불러서 중국 관광시키고, 선물도 듬뿍듬뿍. 이모들에게도 아낌이 없다. 동생이 너는 '친정어머니가 셋이다' 할 정도로.

우리가 귀국하는 날. 집에 있는 좋은 것, 다 털어 주면서 효정이가 무슨 얘기하다가 지나가듯이 말한다.

"아무리 작은 것이라도 내가 쓸려고 사려면 아까워서 못 사겠어요."

지나가듯이 하는 말 속에 그의 '깊은 속마음'이 담겨 있다. 손님들 위해서는 돈 아까워 않고 아낌없이 쓰지만 정작 내 것을 사려면 작은 것이라도 돈 아깝다는 질녀는 나와 비슷한 데가 있다.

아니, 내가 따라갈 수가 없다.

종의 근성(根性)

어제 오후에, 딸기 네 팩을 선물로 받았다. 두 팩을 들고 이웃 박 선생 댁으로 간다. 그가 곧 씻어서 맛을 본다.

"이 딸기 싱싱하고 너무 달아요."

"밤 지나면 덜 싱싱하니까, 금방 갖고 왔어요."

그는 내게도 먹어 보라고 권하나, 사양한다. 내가 좋은 것 먹으면 아깝다. 남이 먹으면 안 아깝고. 종의 근성이다.

'살아 보니까' 누구의 종이 되어 사는 게 가장 '온전한 평안'이라는 것을 알았다. 무시를 당하면서, 눈물을 흘리면서 배웠다. 하나님의 아들 예수님도 종의 모습으로 이 세상에 오셨다. 빌립보서에 있는 말씀이다.

"너희 안에 이 마음을 품으라 곧 그리스도 예수의 마음이니 그는 근본 하나님의 본체시나 하나님과 동등됨을 취할 것으로 여기지 아니하시고 오히려 자기를 비워 종의 형체를 가지사 사람들과 같이 되셨고 사람의 모양으로 나타나사 자기를 낮추시고 죽기까지 복종하셨으니 곧 십자가에 죽으심이라"(빌립보서 2:5~8).

내 서러운 아이들

어느 소설가가 중국에 64일간 취재하러 가서 쓴 글이다.

…연길의 한 대학교수가 카자흐스탄 공화국 알마아타 시에 가서 강연했던 이야기를 충격적으로 들었습니다. 남루한 초등학교 교실 하나를 빌려 한 강연이었는데, 그곳에 사시는 조선족과 그 자녀들이 빼곡히 모여 너무나 엄숙하고 굳은 표정으로 숨소리조차 들리지 않게 침도 삼키지 않고 듣더라 합니다. 행여 한마디라도 놓칠세라 눈동자 하나 비뚤어지지 않고, 물론 꼼짝도 하지 않고요. 그때 교수는 속으로 '이 머나먼 남의 땅에서 어떻게 이 사람들, 특히 어린이들이 우리말을 잘 알아들을까' 탄복하며, 서로의 교감이 절정에 이르렀을 때, 딱 강연을 마쳤습니다. 그러자 여기저기서 억눌린 한숨이 터졌습니다. 교수도 한숨을 내쉬었습니다. 그리고 물었습니다.

"너희들 내 말을 알아듣겠느냐?"

그러자 아이들은 모두 눈망울을 껌벅이며 모른다고 고개

> 를 저었습니다.
> "그럼 너희들은 무엇을 들었느냐, 그렇게도 열심히?"
> 이에 한 아이가 울먹이면서 "우리 조국의 말소리가 저렇게 생겼구나…. 내 나라의 음성을 들었습니다. 소리를… 음악을 듣듯이… 뜻을 모르지만 알 것만 같아서!"라고 했습니다. 그래서 교수는 북받치는 울음을 참지 못하고 그만 통곡을 터뜨리고 말았습니다. 서러운 내 아이들. 아이들도 울고, 어른들도 엉엉 울었다고 합니다. 그 이야기를 들은 저도 울었습니다.

이 이야기를 읽고 나도 울었다. 울다가 성경에 있는 이 말씀이 생각났다.

"또 백성과 및 그를 위하여 가슴을 치며 슬피 우는 여자의 큰 무리가 따라오는지라 예수께서 돌이켜 그들을 향하여 이르시되 예루살렘의 딸들아 나를 위하여 울지 말고 너희와 너희 자녀를 위하여 울라"(누가복음 23:27~28).

서러운 내 아이를 위해서 울어야 한다. 그러나 언제까지 울고만 있을 순 없다. 일어나서 내 자녀를 잘 가르치면서 살아야 한다. 잘 가르치면서 잘 살아야 하는 가치관, 인생관이 사람마다 다르다. 나는 하나님 말씀인 성경을 내 인생의 이정표 삼고 살면서, 자녀들에게 삶으로 가르치려고 한다.

어느 여자 교도관

'30년째 스스로 갇힌 여인.'

교도소에 30년 근무한 여자 교도관을 일컫는 말이다.

그는 말한다. "'교정(矯正)은 대한민국의 자궁'이라고 합니다. 인간을 새롭게 태어나게 하는 곳이란 의미죠. 산파(産婆)가 교도관입니다… '따뜻할 온(溫)' 자가 '갇힌 자[囚]에게 물[水] 한 그릇[皿] 준다'는 의미래요. 교도관은 수감자에게 물도 주고, 밥도 주고, 잠도 재워 주니 따뜻함을 넘어 뜨거운 사람 아닌가요(웃음)."

교정이 대한민국의 자궁이라니, 생각나는 말이 있다.

'긍휼'이라는 말은 '하나님의 자궁'이라는 뜻도 들어 있다고 한다. 긍휼, 가엾이 불쌍히 여기는 마음, 즉 사랑하는 마음은 하나님의 근원이라는 말씀이다. 요한1서에 있다.

"사랑하는 자들아 우리가 서로 사랑하자 사랑은 하나님께 속한 것이니 사랑하는 자마다 하나님으로부터 나서 하나님을 알고 사랑하지 아니하는 자는 하나님을 알지 못하나니 이는 하나님은 사랑이심이라"(요한1서 4:7~8).

3천 원짜리 짜장면 집

어느 목사님 말씀이다. '외식하려면 줄이 길게 늘어서 있는 음식점으로 가지 말고, 사람들이 많이 안 가는 음식 값이 싼 곳으로 가라'고. 정죽 님은 좋은 말씀 들으면 곧 실천에 옮기는 분이다. 그 무렵 셋째 아들이 어머니 정죽 님을 찾아왔다. 아들은 잘생기고 지성미가 있는, 남들이 알아보는 배우다. 그 아들에게 정죽 님이 말한다.

"너 오늘 3천 원짜리 짜장면 먹으러 가겠니? 내가 살게." 어머니 말씀이라면 무조건 순종하는 아들은 가겠다고 한다. "카드는 안 되고 현금이야. 나 지금 카드밖에 없네…." "제가 빌려드리지요." 아들이 만 원을 드리면서 "나중에 갚으세요(웃으면서)" 한다.

식당에는 배우 아들을 알아보는 사람도 있다.

정죽 님이 내게 말한다. "사람들은 3천 원짜리 짜장면이나 사 먹고 다닌다고 쪼잔하게 볼지도 모르지요. 그래도 아들은 개의치 않아요. 어머니가 하자고 하면 해요… 아들이나 점심 사 주려면 강남에서도 고급 식당으로 가요."

5천 원 주고 받은 미소

이 부드러운 미소! 전에는 못 보던 미소가 아닌가.

얼마 전, 길가에서 요구르트 아줌마가 나를 붙잡더니, 요구르트 한 봉지(8개) 5천 원에 사 달라고 한다. 나는 요구르트를 집에서 만들어 먹지만 사 달라고 사정해서 샀다.

어제, 외출하다 그 아줌마를 다시 만났다. 보통 때, 그는 내 인사를 받는 둥 마는 둥, 어느 때는 냉담하고 무뚝뚝한 표정이다. 내가 요구르트 안 사 줘서 그런가? …할 정도로.

그런 그가 어제는 미소까지 지으면서 어디 가느냐고 반긴다. 5천 원 주고 내가 그의 요구르트를 사 준 걸 기억하고 저런 미소를 보내나? …어디 가서 저런 부드러운 미소를 얻겠는가. 그 사람뿐이랴. 나도 누가 뭘 주면 그다음 그를 만날 때 내 인사가 나도 모르게 부드러워진다. 물질 때문만은 아니다. 그 물질 속에는 그 사람의 마음도 들어 있다.

'마음 가는 데 물질 간다.' 누구를 미소 짓게 하려면 물심양면으로, 물질과 마음으로 온전하게 대접해야 한다.

손녀와 스마트폰 대화

지난여름에 아들 내외와 손자가 일이 있어서 미국에 한 7일간 갔다. 고 2인 손녀 혼자만 집에 있게 돼서, 할머니인 내가 손녀와 스마트폰으로 연락한다. "…○○야 내가 뭐 하다가 네 문자 못 봤다. 내가 전화한 건, 내일 아귀찜 사 가지고 가서, 네가 집에 오면 같이 먹자고. 숙자 이모랑… 네 맞춤법이 정확하구나. 너, 지금 자고 있으면 내일 아침 문자로 보내, 네 의견을. 문단속 잘 하고 이 밤도 하나님께 기도하고 잘 자거라."

"문자 지금 봤어요. ㅎㅎㅎ 혹시 오시면 몇 시쯤 오실 것 같으세요? 제가 오늘도 수업이 있어서 시간이 조금 애매할 것 같아서요…. 시간 맞으면 가능하고요!"

"하하하 네 웃음소리. 할머니 마음에는 지금 그 소리가 들린다. 할머니 가슴이 울렁거린다. 할머니 마음이 울렁거린다는 것은 할머니가 아주 최고로 기쁘다는 뜻이다."

손녀와 처음, 스마트폰으로 마음 주고받는다. 마음이 손녀에게 다가간다. 어느 때보다 더.

고기를 드셔야 하는데

지난가을 서울 근교에 갔다가, 한 친지를 만났다. 그의 직장 근처에서 같이 점심 들고 오후에는 일이 없다는 그와 이야기 나누다가 오후 5시쯤 일어난다. 친지가 말한다.

"선생님 저는 6시에 딸하고 물리 치료 받으러 가야 해요… 고기를 드셔야 하는데…."

"점심에 고기(생선찌개) 먹었잖아요." "그건 해물(海物)이잖아요. 육(肉)고기를 드셔야지요." 그의 표정을 보니, 나를 '고기 못 먹여 보내서 안됐다'는 표정이다.

그를 뒤로하고, 지하철 타려고 계단을 내려가는데 '고기를 드셔야 하는데…' 이 말이 가슴에서 떠나지 않는다.

약한 내 몸을 생각해 주는 그 말이 가슴속으로 저며 든다.

나는 그날 오전에 다른 일 끝내고 그를 만나서 피곤으로 차 있는데, 허약하고 지친 나를 생각해 주는 그 말이 순간, 내 피곤을 '싸아악' 가시게 한다. 일용직 하면서 사글세 사는 그녀가 나, 고기 못 먹여 보낸다고 걱정하다니… 가난하고 고생하는 사람이 남을 더 생각하는 것 같다.

엄마 저게 나팔꽃이에요?

남편 85회 생일이라고 가족들이 모여서 외식하고 집으로 왔다. 며느리가 준비한 케이크 가운데 촛불을 켜고, 생일 축하 노래를 부르고 나서 케이크를 자른다. 남편이 케이크를 자르면서 나더러 같이 자르자고, 내 손을 갖다가 자기 손을 잡으라고 한다. 어색하게 잡는다. 이게 무슨 의미가 있다고… 의미를 두지 않고 하기에 내 행동은 서툴고 어색하다. 그런대로 담소하다가 자녀손들은 다 갔다.

다음 날 아침 식탁에서 내가 남편에게 묻는다.

"어제 생일 지나고 남는 게 뭐 있어요…?"

"뭐가 꼭 남아야만 하나. 모여서 같이 저녁 먹고 얘기하고 그런 거지. 가족이 모이는데, 무슨 의미가 꼭 있어야만 하나…."

"나는 어제 큰애가 아잘리아*를 '엄마 저게 나팔꽃이어요?' 하고 묻던 그 이야기가 남아 있어요."

"나팔꽃은 우리 생활 주변의 정다운 꽃이라 그러겠지. 저게 새끼 나팔꽃 같지."

"들에 피는 메꽃 같아요… 아 그리고 작은며느리가 그러대요. 이번 책(39집)이 좋다고. 요새 1집 2집을 읽어 보니, 감동적이라고… 그러니까, 큰며느리는 '1집 2집 보면 눈물이 나와요' 하고. 그런 이야기를 해 주는 며느리들이 고마워요… 나는 그런 주고받은 마음의 이야기들만 남아요. '사랑은 그 사람의 이야기 속으로 들어가는 것'이라는 말이 있어요."

남편은 잠잠해지고 나는 아들이 나팔꽃이냐고 물어본 아잘리아를 보고 있다.

오늘은 아잘리아가 더 정다워 보인다…. 밭언덕에는 나팔꽃이 피고 동부꽃 메꽃이 피던 고향의 여름 들판. 아들은 그 바쁜 중에도 나팔꽃 보는 여유를 가지고 있구나. 아직 맑은 정서 한 가닥이 살아 있구나… 어떤 효도보다 더 나를 기쁘게 한다.

* 아잘리아 : Azalea. 진달랫과의 한 품종. 규범 표기는 '어제일리어'이다.

기도는 '인간성의 자라남'이다

이런 말이 있다. '저 사람은 인간성이 나빠.' '저 사람 인간성은 괜찮은데….' 인간성은 타고난 것이라고 한다. 천부적인 것이라 사람이 고칠 수 없다고도 하고.

그런데 '기도는 인간성의 자라남'이란 말이 있다.

기도를 통해서 인간성을 고칠 수도 있고 자라나게 할 수도 있다는 뜻이다. 천부적인 인간성을 사람이 고치고 자라나게 할 수는 없다. '천부적'인 인간성은, 사람 만드신 하나님이나 고치고 자라게 하실 일이다.

기도는 하나님께 여쭙고 하나님과 대화하는 일이라고 한다. 식물도 우리가 심고 물을 주지만 자라나게 하는 분은 하나님이다. 한 포기의 풀도 자라게 할 수 없는 인간이 어떻게 인간성을 자라게 할 수 있을까? …우리가 기도할 때는 주님께 여쭙기도 하고, 대화도 하면서 하나님의 가르침을 직접 받는다. '직접 가르침'으로 사람을 자라게도 하시고, 재창조도 하신다. 창조주가 재창조 못 하시겠는가.

'기도는 인간성의 자라남'이라는 말, 이제 좀 이해가 된다.

주는 재미로 사는 사람

얼마 전에 동생 집에서 오빠에게 들은 얘기다.

"도봉산에 가면 어느 할아버지가 트럼펫을 불고 있다… 오래전부터, 한 20년, 30년은 됐을 것이다. 갈 때마다 2천 원을 준다. 그런데 지난 주일에는 안 나왔어야."

그러자 동생이 말한다.

"좀 더 주지, 2천 원만 주었어요."

이번엔 내가 끼어든다.

"오빠는 어디 공중화장실 청소부에게 5만 원도 주었어."

오빠는 동생 말이나 내 말은 들리지 않는지, 개의치 않고 이 말만 한다.

"다음에 도봉산에는 뭔 재미로 가냐? 지금까지 돈 주는 재미로 갔는데…."

주는 재미를 아는 말이다. 돈의 가치, 돈의 용도를 바르게 알고 있는 말이라고나 할까.

"…주 예수께서 친히 말씀하신 바 주는 것이 받는 것보다 복이 있다 하심을 기억하여야 할지니라"(사도행전 20:35).

정읍역 대합실에서

순임 님 집 가는 버스를 정읍역 대합실에서 기다리고 있다. 대합실을 둘러보니 한 코너에 플래카드가 보인다.

'헤어, 가을을 물들이다.'

가까이 가서 보니, 각양각색 헤어스타일의 얼굴 마네킹 10여 개가 유리 케이스 안에 진열돼 있다. 전국미용사협회 정읍시지부 주최로 열리는 헤어 디자이너들의 가을 작품 전시다.

옆에서 전시물을 관리하는 여인을 보니, 요란한 헤어스타일도 아니고 수수하고 차분하다. 호감이 가서 말을 건넨다.

"'…가을을 물들이다'는 어디서 많이 본 문구인데, 사람 관심 끌려면 더 독창적인 문구 쓰면 좋지 않을까요?"

"듣고 보니 그렇기도 하네요. 다음엔 많이 생각하고 정해야겠네요."

그녀의 태도, 말이 온공(溫恭)스러워서, 지금도 가끔 생각한다. '어떤 문구를 플래카드에 써야 새롭고 독창적일까….'

그녀 일이 내 일이 되어 버렸다.

쟁기질 품삯 안 준 것 때문에

어느 동네에 한 부자가 살고 있었다. 그리고 그 동네에서 쟁기질해서 먹고사는 가난한 농부가 있었고. 어느 날, 부자는 가난한 농부를 불러서 쟁기질시키고 품삯을 주지 않는다. 농부는 쟁기질 품삯 달라고 매일 부자에게 간다. 그래도 안 주고. 다음 해에 부자는 다른 사람을 불러서 쟁기질시킨다. 이렇게 부자와 농부 사이에는 불화가 깊어 갔다.

어느 해. 볏논 김매기 끝내고 동네 사람들이 '너럭바위' 위에서 잔치하며 노는 단오날. 부자와 농부 사이에 시비가 붙었다. 힘센 부자가 농부를 밀어뜨리자, 너럭바위 밑 작은 바위로 농부가 떨어졌다. 머리에서 피가 질질 흐른다. 이 모습을 농부의 어린 아들이 본다.

얼마의 세월이 지나서 6·25 나자, 다 자란 농부 아들이 부자를 고발해서 죽게 한다. 이 일로 연유해서 동네 사람들 27명이 죽게 되고. 몇 푼 안 된 쟁기질 품삯 안 준 욕심 때문에 그 귀한 생명들이 많이 죽었다. "욕심이 잉태한즉 죄를 낳고 죄가 장성한즉 사망을 낳느니라"(야고보서 1:15).

남의 말에 호응을 잘 못 하는 사람

전주 근처 삼례던가. 전주 김 사모와 동행해서 어느 교회에 들른다. 정읍에서 오다가 갑자기 전화했는데 흔쾌히 오라고 하셔서. 나는 그때, 12일 만에 집으로 가는 길이고.

어젯밤부터 강행군으로 고추 꼭지(50근) 따서 심신이 고단한 나. 그 댁은 내가 안식하기에 알맞은 장소였다.

잘 쉬고 서울로 와서 고맙다는 글 보낸다.

"…사모님. 어제 만들어 주신 아늑하고 편안한 안식은 주님이 10여 일 수고했다고 주신 선물입니다. 사모님 참으로 감사합니다."

"네, 선생님 갑자기 모셔서 너무 서투른 모습을 보였습니다… 귀하신 선생님께 너무 평범하게 모셔서 죄송했어요. 선생님 말씀을 마음으로는 이해가 되는데 맞장구를 치며 호응을 하지 못하고 말없이 지켜보기만 하는 것도 죄송했구요. 그래도 좋다고 표현해 주시고 감사한 표현까지 하시는 선생님 모습에 제가 더 감사했습니다."

"호응 안 하시는 사모님 모습은 더 깊어 보여서 좋았습니다. 사람의 모습은 다 다르고 다 독특한 아름다움을 지니고 있습니다. 저는 아주 쉽고 유치하고 평범한 사람입니다(귀하신 선생님이라니요!)."

요즘 세상은 남의 말에 호응 잘하고 대처 잘하는 유능한 여자들로 넘쳐나고 있다.

순발력 좋고 일 처리도 신속한 똑똑한 여자들, 조금의 머뭇거림이나 서투름도 없이 즉시 해결해 버리는 유식하고 다재다능한 여인들이 넘쳐나서 머리가 아플 지경이다.

어디 좀 못 하고, 머뭇거리고, 어리숙하고, 서투른 여인 없을까? 그리하여 약간의 못다함이 그리운 여운으로 남는, 무재무능한 여인은 없을까? 요즘은 다재다능한 여자들 너무 많아서 겁이 나고 무서운 세상이다.

하늘나라에 보존되는 것들

조 선생님 댁에서 맞는 초겨울 아침이다. 나는 일어나서 앞뜰을 거닌다. 앞뜰에는 100년이 넘은 팽나무 한 그루와 수십 년 된 은행나무 탱자나무가 울타리 가로 늘어서 있다. 이 집터가 유서 깊은 곳이라는 걸 말해 준다.

팽나무 낙엽은 두껍고 무겁다. 팽나무 낙엽을 밟고 걸으면 마치 지구의 벗겨진 한 꺼풀을 밟는 느낌이다. 팽나무 낙엽은 지구의 가을을 무겁게 슬퍼하는 듯, 침통하게 쌓여 있다.

조 선생님과 사모님이 사시는 이 저택을 자손들이 오래 보존했으면… 그러나 땅에 있는 것들은 다 지나가고 사라진다고 한다. 그럼 하늘에 보존되는 것은 무엇일까?

사람의 언행은 하늘에 다 기록이 된다고 한다. 눈을 만드신 이가 얼마나 잘 볼 것이며, 귀를 만드신 이가 얼마나 잘 들으실 것인가. 성경 시편에는 이런 말씀이 있다.

"귀를 지으신 이가 듣지 아니하시랴 눈을 만드신 이가 보지 아니하시랴"(시편 94:9).

기봉이는 피해자야

조 선생님 댁에서 며칠 머무를 때. 아침이면 일어나서 팽나무 낙엽을 밟다가 은행나무 탱자나무 울타리 가로 난 골목을 왔다 갔다 한다. 근처 영아원 초등학교 아이들 10여 명이 등교하느라고 그날도 떠들썩하다.

그들이 가면서 여럿이 합창하듯이 부르는 말이 있다.

"기봉이는 피해자야, 기봉이는 피해자야…."

내가 그들에게 묻는다. "기봉이가 누구야? 기봉이가 왜 피해자야. 기봉이가 누군데?"

5, 6학년으로 보이는 미동(美童)인 소년 하나가 나선다.

"제가 기봉이어요…. 제가 너무 예뻐서 애들이 피해자라고 해요." 소년은 두 엄지를 양 볼에다 대고 아기처럼 까꿍, 귀여운 표정을 짓는다. '예뻐서 피해자라고…?' 미동이라 다른 애들이 시기 질투해서 피해자라는 말도 선뜻 이해가 안 되고, 그렇다고 덩치 큰 소년이 자기 예쁨을 과장해서 아기 흉내 내는 것도 어색하다. 요즘 애들은 '조숙하다'고 해야 할까 난해하다고 해야 할까, 난감하다.

조 선생님 댁 손님 대접

지난번에 영암에 가서 들은 소식이다.

영암을 떠나 인천 아드님 집에 가 계시는 서 교장님(80세)이 잠깐 영암에 다녀가셨다. 나도 몇 번 만난 서 교장님은 만날 때마다 배움을 주시는 분. 조 선생님(94세)이 서 교장님 다녀가셨다는 얘기를 하면서 들려주신 말씀이다.

"서 교장님한테 아침 자시러 오라고 아무리 해도 안 오신단 말이요… 새벽에 나가서 낙지 사다가 집사람보고 좃아서(잘게 썰어서) 참기름 소금 치고, 찰밥 좀 찌라고 해서 한 통 들고 갔소." "그러셨어요…."

90대 노부부들이 손님 대접에 온 정성 다하시는구나….

믿음의 조상 아브라함은 손님(세 사람) 대접을 이렇게 했다.

"아브라함이 급히 장막으로 가서 사라(아내)에게 이르되 속히 고운 가루 세 스아를 가져다가 반죽하여 떡을 만들라 하고 아브라함이 또 가축 떼 있는 곳으로 달려가서 기름지고 좋은 송아지를 잡아 하인에게 주니 그가 급히 요리한지라"(창세기 18:6~7).

돌아온 길고양이

어느 봄날 열어 놓은 꽃 가게 문으로 새끼 길고양이 한 마리가 들어온다. 여주인은 귀여워서 먹을 것도 주면서 예뻐했다. 한동안 새끼 길고양이는 꽃 가게로 놀러 왔다. 그리고 자취를 감추었다. 많은 세월이 지난 날. 꽃 가게 앞에 늙고 병든 추레한 길고양이 한 마리가 서 있다. 어렸을 때 본 그 새끼 길고양이다. 여주인은 늙고 병든 길고양이를 지하실에 집을 마련하고 먹을 것을 주며 살린다. 병든 길고양이는 그렇게 한 1년을 살다가 죽었다.

여우도 죽으려면 고향 쪽으로 머리를 둔다는데, 사람은 죽을 때도 주인을 찾지 않는다. 늙고 병들어 찾아온 길고양이도 내치지 않고 1년이나 보살피는데, 사람을 만드시고 자녀 삼으신 하나님이, 그 자녀가 죄짓고 돌아왔다고 박대하시겠는가. 온갖 죄악 속에 살았던 사람도 주님 품으로 돌아오기만 하면, 모든 죄 용서하고 안아 주신다.

누가복음 15장, 아버지의 유산을 탕진하고 창기와 놀아난 아들이 돌아오자 아버지는 버선발로 뛰어가 맞이하신다.

떡국 한 그릇과 독거노인

새해 1월 3일인데 남편이 떡국이 먹고 싶다고 한다.

남편은 12월 말쯤 떡살과 만두를 사다가 놓았다. 그걸 내가 안 끓여 주니 하는 말이다.

오늘 아침 컴퓨터에 써 놓은 글 16편 날리고 정신없는데도 떡국을 끓인다. 동생이 준 쇠고기 넣고. 남편은 베란다에서 파도 뜯어다 주고, 마지막엔 '김 넣어야지' 해서 김도 넣고.

떡국이 아주 맛있다고 한다, 남편이 떡국 한 그릇에 대만족해하는 모습을 아내는 흡족하게 바라본다. 지난번 떡살 사 가지고 와서 남편이 한 말도 생각이 나고.

"양지머리 사려고 보니, 조그만 것 한 팩에 2만 3천 원이야. 망설이고 있는데, 어느 부인(60대)이 뒤에서 말하대. '양지머리 안 넣어도 돼요. 멸칫국물 내서 참기름 서너 방울만 떨어뜨리면 맛있어요' 하고."

"그래요. 당신이 외롭게 시장 보러 나온 독거노인으로 보였나 봐요." "무슨…."

2020년 새해 첫날. 가족들이 모여서 점심 먹을 때 내가 자손들 앞에서 말한다.

"이번 음력설은 안 쇠니까… 나는 독거노인이나 찾아가야겠다."

아들이 곧 받는다.

"엄마 독거노인 찾아가다가 아버지 독거노인 만들지 말아요."

내가 아내 노릇 작가 노릇 다 잘할 수는 없다. 어느 한쪽은 못 하기 마련이다. 내가 아내 노릇 잘 못 한다고 나쁜 것만도 아니다. 남편에게 잘 못 한 내 마음엔 남편을 측은히 여기는 '긍휼지심'이 고인다. 노년의 남편에겐 떡국보다 아내의 긍휼지심이 필요할 때도 있다.

인간은 어찌 보면 다 젊으나 늙으나 어느 의미의 '독거노인'이다. 고독하고 쓸쓸하다.

내 안에 예수님이 계셔야 고독하고 쓸쓸하지 않다.

며느리 말 대접으로라도

'코로나19' 사태가 악화되자 며느리에게서 두 번째 전화가 온다. "어머니 외출하지 마시고, 아버님도 나이가 있으시니… 장보기는 전화 주문하시고."

"그래 고맙다… 김치 있으니까 당분간 시장 안 봐도 되지."

"어머니 그럼 영양 부족돼요. 고기도 드셔야지." "그렇지."

남편이 외출에서 돌아온다. 마스크만 하고. 며칠 전에도 친구와 도봉산까지 갔다 왔다. 가끔 다른 친구도 만나고. 별로 조심하지 않는다. 겁이 없다. 고령이 되면 무서울 게 없나. 며느리 말을 전한다. "며느리가 외출도 자제하고, 장보기도 전화 주문하라고 하네요." "그래."

"당신 내 말은 안 들어도 며느리 말은 잘 들으세요. 며느리 말 대접으로라도 꼭 그렇게 하세요."

내 입에서 불쑥 나온 '말 대접'이라는 말이 좋다. 잃었던 소중한 무엇을 찾은 느낌이다. 겸양과 예의, 선량함이 녹아 있는 말이다. 말은 그 사람의 인격, 말 대접 잘해야 한다.

한 달 전기료 0원

외나로도 갑숙 님이 요양 보호하는 어느 할머니 얘기다.

그는 생활 보호 대상자로서 정부에서 한 달에 쌀 10킬로그램 한 부대를 보조받는, 약간 치매기가 있는 노인.

지금 그 노인 집에는 못다 먹은 쌀이 5부대나 쌓여 있다. 쌀 5부대 두고도 할머니는 옆집 젊은이가 쓰레기봉투에 버린 쌀 주워서, 죽 쑤어 먹고 병원에 갔다.

이 겨울에 할머니네 집은 언제나 춥다. 가을에 정부에서 기름(경유) 두 드럼이나 주었는데도 아끼느라고 못 쓴다.

어느 날 그 집에 전기료 납부 고지서가 나와서, 갑숙 님이 보니, 사용료는 1만 2,000원인데 납부 금액은 0원. 생활 보호 대상자이기에. 갑숙 님은 그 납부 고지서를 보면서 생각했다. 이 치매 할머니가 쌀, 기름, 전기를 거저 받아 놓고도 아까워서 못 먹고, 못 쓰고 춥게 살듯이, 사람들은 하나님이 값없이 거저 주신 구원, 생명과 자유를 누리지 못하고 사망과 죄에 붙잡혀서 죽어 가는구나… 갑숙 님은 학교 공부도 1등이더니 하나님 말씀 적용도 1등이다.

상남자 중의 상남자

어느 친구가 내게 한 말이다. "선생님 남편은 상남자(上男子) 중의 상남자예요." "왜요…?" "남편이 경제적인 책임을 지고 있으니까, 선생님이 맘 놓고 글을 쓰잖아요. 험악한 세상에 나가서 일해 봐요, 그 순수함이 지켜지겠어요? … 그 순수함에 우리가 휴식하는 거지요."

그러나 '하나님 보시기엔 어떤 사람도 누구나 다 좋다! 관계 위주로 보시기에….'

우리가 그 사람의 전체를 다 못 보아서 그렇지. 사람은 다 나보다 나은 데가 있다["…오직 겸손한 마음으로 각각 자기보다 남을 낫게 여기고"(빌립보서 2:3)]. 친구 남편은 경제적으로는 무력하나, 아내가 전공 살려서 독일 가 공부하고, 지금은 자기 분야에서 일가를 이루게 한 어느 의미의 장본인이 아닌가.

상(上) 남자도 하(下) 남자도 없다고 생각한다. 하나님은 사람을 만드시고 '심히 좋았더라'고 하셨다. '심히 좋았더라'의 히브리어 뜻에는 '가장 위대하다, 가장 놀랍다, 가장 완벽하다'는 뜻이 들어 있다고 한다.

폴 고갱의 황색 그리스도

다음은 고갱의 '황색 그리스도'에 대한 평론가의 말이다.

> …야성이 가득하고 자만에 부푼 그가 이 작품에 임하면서 경건한 마음으로 견고하게 화면을 구축한 느낌이다. 그러나 마음속에 비친 어떤 화재(畵材)도 그가 나타내려는 의도대로 변형되고 추상화되어 버린다. 옥타브 미르보(평론가)는 여기에 그려진 그리스도에 대하여 '이 그리스도의 우울은 말로 표현할 수가 없다. 그 얼굴에는 무서운 슬픔이 있다'라고 말하고 있다. 이 무렵의 그(고갱)의 심정이 그랬으리라고 짐작된다.

이 무렵 고갱의 심정이, 십자가 지는 예수님의 심정과 비슷했으리라는 평론가의 말은 '죄 많은 곳에 은혜가 많다'는 성경 말씀을 생각나게 한다.

'불행과 황음(荒淫), 매독과 알코올 중독'

고갱은 온갖 죄악을 경험했을 것이고, 그 '죄 많음'이 예수님의 '무서운 슬픔'으로 조금은 형상화되지 않았을까.

"…그러나 죄가 더한 곳에 은혜가 더욱 넘쳤나니"(로마서 5:20).

부모는 건강한 자녀보다 병든 자녀에게 더 마음이 가고, 잘 된 자녀보다 못 된 자녀에게 더 마음이 간다.

예수님은 의인을 부르러 온 것이 아니라 죄인을 부르러 오셨다.

"너희는 가서 내가 긍휼을 원하고 제사(예배)를 원하지 아니하노라 하신 뜻이 무엇인지 배우라 나는 의인을 부르러 온 것이 아니요 죄인을 부르러 왔노라"(마태복음 9:13).

책 40권이 나왔는데

내 마흔 번째 수필집(《내 가난은 내 평안이다》)을 받아 든 친구가 안 기쁘냐고 묻는다. 내 대답은 "그냥 그래요."

내 솔직한 대답이다. 지금 41집 마무리하느라 마음이 온통 거기에 가 있어서 그럴까? …나이 80이 되어서 지나간 삶을 돌아다봐도, 기뻤던 일은 별로 기억에 없다. 잘 못 했던 기억만 새록새록 하다. 기쁨이나 즐거움은 가벼워서 잠시면 날아가 버리는 휘발성이 강한가 보다. 슬픔 고통만이 오래 남아서 내 인간성의 깊이를 만든다.

그러나 성경은 '항상 기뻐하라'고 하셨다. 땅의 것으로 기뻐하지 말고 위의 것으로, 내 이름이 생명책에 기록된 것으로 기뻐하라는 말씀이다. 어제 독자와 집 앞 식당에 들렀다. 독자가 나를 소개해서, 내 책 한 권을 식당 여주인에게 드린다. 책 제목 '내 가난은 내 평안이다'를 보면서 말한다.

"제목이 '의미'가 있네요. 궁금해서 읽어 봐야겠네요."

사람은 어디서 와서, 무엇으로 살다가 어디로 가나?

그 '참의미'를 아는 게 기쁨이요 믿음이다.

작가의 순정

〈댄서의 순정〉이라는 유행가를 들은 적이 있다. 사람은 저마다 순정을 주는 대상이 있고, 한 사람의 순정이 여럿일 수는 없다. 작가인 나도 순정이 있다면, 내가 쓰는 작품이다. 더구나 내 글의 대부분은 살고 나서 쓰기에 실감(實感)이 생명이다. 이상하게도 처음 써지는 글이 가장 살아 있다. 무의식 바닥에 살아 있던 삶이 그대로 떠져서 그럴 것이다.

어제, 컴퓨터에 써 놓은 글 16편 날리고 다시 쓰려니, 순정이 빠져서인지 잘 안 써진다.

요즘은 종교 다원주의라고 한다. 신이 여럿이고 진리도 여럿이라는 말과도 같다. 그럼 내 부모도 여럿이란 말인가. 내 부모는 나를 낳으신 분 하나다. 그러므로 내게는 부모가 한 분이듯이 신(神)도 하나이고 진리도 하나이고 순정도 하나이다.

"예수께서 이르시되 내가 곧 길이요 진리요 생명이니 나로 말미암지 않고는 아버지(하나님)께로 올 자가 없느니라"(요한복음 14:6).

당신 사정이 곧 내 사정이다

설 쇠러 잠시 한국에 왔다가 코로나19로 중국행을 연기하고 있는 질녀 승우 엄마. 오빠와 내가 동생 집에서 만난다. 얘기 나누다가 저녁 먹고 집으로 가려는데, 오빠가 승우 엄마에게 봉투 하나를 준다. 승우 엄마가 극구 사양한다. “지난번에 승우한테 주셨잖아요.”

“이건 너한테 주는 거다. 어쨌든 중국에 집이 있는데, 친정이라도 타향살이 아니냐.” 타향살이라는 말에 나도 가슴이 뭉클해진다. 집으로 오면서 오빠가 들려준다.

“그 애가 안 받을 것 같아서, 어떻게 하면 받게 할까 하고, 저녁 먹으면서 생각했다. 지금이야 입금, 송금이 자유롭지만. 옛날에 어디 가서 돈 떨어지면 그런 낭패가 없었지. 그 애가 돈이 없겠느냐, 위로하는 거지.” “오빠는 생각이 참 깊네요. 사람 심정을 어찌 그리 잘 아셔요. 어머니를 닮아서 그런가 봐요. 어머니는 사람 사정을 다 살폈어요.”

남의 딱한 사정을 내 사정으로 여기고 위로하고 도울 때 사람은 그 어느 때보다 아름답다.

내 영혼의 수학여행

한 5, 6년 전. 전북 완주 어느 교회에서 점심 후, 여러 분과 담소하는 시간이었다. 내가 얘기하는데, 이런 말이 나도 모르게 튀어나온다. "나는 이렇게 영혼의 수학여행 다녀요." 내 얘기를 경청하시는 갑숙 님이 말씀하신다.

"'영혼의 수학여행'이라는 말이 좋아요."

그리고 어제 박 선생 댁에 갔다. 써 놓은 원고 많이 날리고 내 영혼이 위로받으려고. 대화 중에 나도 모르게 나온 말이 또 '영혼의 수학여행'이다. 박 선생이 듣고 깜짝 놀라면서 말한다.

"선생님, '영혼의 수학여행' 너무 좋아요. 이거 제목으로 하면 어때요?" "그래요오…." 나는 내 속에서 나오는 말이라 잘 모른다. 남이 좋다고 하면 다시 생각한다.

결국 '내 영혼의 수학여행'은 내 수필집(41집) 제목으로 정해진다. 내 글은 나 혼자 쓰는 게 아니다. 이렇게 여러 사람의 도움으로 씌어져 가고 있다.

가장 개인적인 것이 가장 창의적이다

책이 나오면 작가는 독자들의 독후감을 귀담아듣는다. 그러나 거의 언제나 예상 밖이다.

이번 수필집(40)에서 내 애정이 가는 작품은 '옛날을 그리워하는 사람', '녹나무가 서 있는 마당' 같은 작품이다. 그러나 그 글을 아무도 언급하지 않는다. 한 사람도 없다.

내가 처음에 뺐다가 다시 넣은 '삼식(三食)이와 삼복(三福)이'는 여러 독자가 좋았다고 한다. 왜 그 작품을 뺐느냐 하면 소재가 상식적이라. 그러다가 내 맘엔 안 들어도 노년 아내들의 당면 과제니까 어떨까 하고 넣은 것. 이렇게 작가의 의중과 독자의 의중은 다르다.

독자의 관심은 현재의 당면 과제라는 걸 확인한다.

"신사는 자기 자신에 대하여 너무 많이 이야기하지 않는 법"이라는데, 나는 내 이야기가 많다. 거의 다 내 얘기다. 그러나 "가장 개인적인 것이 가장 창의적이다"라는 말도 있다. 지극히 내 개인적인 얘기에 창의성이 더해지기를 바랄 뿐이다.

내가 잘할 수 있는 일

세계 창의력 학계의 권위자가 한 말이다.

"누구나 계발할 수 있는 창의력은 지능 지수(IQ)와 상관없어요. 자기가 좋아하고 자기가 잘할 수 있는 한 가지만 있으면 돼요. 전문성이 있으면 그걸 바탕으로 상상력이 생기고 비판력과 융합력이 더해져 창의력으로 나타나는 거예요."

'그럼 나는 무엇을 좋아하고 무엇을 잘할 수 있을까…?'

나는 일찍이 내가 '종의 근성'과 '거지 근성'이 있다는 걸 어렴풋이 느꼈다.

내 거지 근성이란 '얻어먹기' 좋아하는 근성 아니다.

좋은 것 내가 쓰면 아깝고, 안 좋은 것 써야 맘이 놓인다는 것이다.

내 종의 근성이란, 낮아져서 남 섬기는 일 잘한다는 것.

처음엔 이 종의 근성, 거지 근성이 부끄러워서 감추려고 했다. 그런데 살아갈수록 이 근성은 감추어지지 않고 더

뚜렷하게 나타나는, 내가 어찌할 수 없는 천성이라는 걸 알았다.

그러나 살아 보니까,

자원해서 종으로 사는 게 가장 평안하고,

자원해서 귀한 것 남 주고 나는 부족하게 사는 게 가장 평안하다는 걸 알았다.

그래서 지금은 종이 되어 남 섬기고, 좋은 것 남 드리고 나는 가난하게 사는 걸 가장 좋아하게 되었다. 가장 잘하게 되었다.

그때가 내 절정이다

천양희 님의 시 〈그때가 절정이다〉를 읽었다.
마음이 남는 구절을 옮긴다.

시가 세상을 바꿀 수 있다고 믿던
그때를 생각했다

돌아보면
그때가 절정이다

'다윗이 골리앗을 물맷돌로 죽였을 때가 절정 아니다.

아들 암논이 딸 디나를 겁탈해도 아무런 말도 못 하고 수치를 감수할 때가 절정이다.

자신 다 내려놓고 죽었을 때가 절정이다.'

내가 수필집 40권 내놓은 지금이 절정 아니다.

이웃 가난한 사람들, 보다 못해서 빚내다 도와주고, 그 이자 돈 갚으러 갈 때가 절정이다. 천만 원에 2부 이자 20만 원 들고, 내 집(2층)에서 빚낸 집(4층)으로 올라가면서 울먹일 때가 절정이다.

'주님, 돈이 없어서 고통하는 사람을 보고, 어떻게 가만히 있습니까? …그래서 빚내서라도 도왔습니다. 이 빚 갚을 때까지 저는 잘 먹지도 잘 입지도 않겠습니다. 만약 그렇게 하지 않는다면 저를 벌주십시오. 그러니, 이 빚만은 꼭 갚도록 해 주십시오.

빚은 갚고 죽도록 해 주십시오.'

이자 돈 20만 원 쥔 손 떨면서 울먹일 때가
그때가 내 절정이다.
수필집 40권 낸 지금이 절정 아니다.

기일혜 수필집 41

내 영혼의 수학여행

초판 1쇄 발행 | 2020년 4월 16일
2쇄 발행 | 2020년 5월 22일

지은이 | 기일혜
발행인 | 임만호
발행처 | 도서출판 **크리스챤서적**
주　소 | 서울 강남구 선릉로112길 36 창조빌딩 3F(우:06097)
등　록 | 제10-22호(1979. 9. 13)
전　화 | 02) 544-3468~9
F A X | 02) 511-3920
e-mail | holybooks@naver.com

책임편집 | 장민혜
디자인 | 이선애
제　작 | 임성암
관　리 | 양영주

Printed in Korea
ISBN 978-89-478-0361-8 03230

정가 4,000원